BIOGRAPHIE

DE

ERNEST RENAN

PAR

Adolphe DE CARFORT et Francis BAZOUGE.

La famille Renan. — Enfance d'Ernest.
Renan au Petit-Séminaire de Tréguier. — Son départ
pour Paris. — Triste pressentiment de sa mère.
Séjour de l'abbé Renan dans les Séminaires de Paris.
Lettre de Renan annonçant qu'il est tonsuré.
Renan quitte le Séminaire.
Ses relations avec Cousin, Lamennais, Proudhon
et Cabet. — Ses divers ouvrages.
Voyage en Syrie. — La vérité sur la *Vie de Jésus*, etc.

PARIS

CHARLES DOUNIOL, LIBRAIRE-ÉDITEUR

29, RUE DE TOURNON, 29

1864

A LA GRANDE AME

de notre illustre compatriote

FRANÇOIS-RENÉ DE CHATEAUBRIAND,

auteur du *Génie du Christianisme*.

————

*Les autels du Christ étaient renversés ; la déesse
Raison avait remplacé les saints tabernacles dans
les temples profanés ; les Ministres de Dieu fuyaient
sur les routes de l'exil ou mouraient martyrs sur
les échafauds ; la Société semblait pour longtemps
plongée dans un abîme de sang.*

*Vous vîtes ce déchirant spectacle, illustre enfant
de Saint-Malo ! Vos mains pieuses relevèrent la
Croix du Sauveur ;* LE GÉNIE DU CHRISTIANISME

parut, et la Foi reprit son empire, et la France, consolée, comprit tout ce qu'il y a de sublime grandeur dans la Religion de JÉSUS, dont l'Eloquence et la Poésie proclamaient à la fois la divinité.

Comme témoignage d'admiration et d'affectueux souvenir, qu'il nous soit permis, noble Breton, de dédier à votre grande âme ces quelques pages échappées à notre plume. Ce n'est qu'un grain de sable apporté au pied de l'édifice auquel vous avez si heureusement travaillé ; mais Dieu, qui se souvient du verre d'eau offert en son nom, daignera bénir, peut-être, en le voyant placé sous votre glorieux patronage, ce premier travail de notre pensée, et nous serons suffisamment récompensés.

Au Grand-Bey, près de Saint-Malo, décembre 1863.

PRÉFACE.

Les pages qui suivent ne sont pas seulement une esquisse biographique écrite aux lieux mêmes où naquit, où vécut, où grandit M. Ernest Renan, c'est-à-dire, puisée aux sources les plus sûres, elles sont aussi une protestation, au nom de la Foi de nos pères outragée, au nom de l'antique Foi bretonne, inébranlable comme les rochers de la péninsule armoricaine ; elles sont un hommage rendu à la Religion divine qui se pencha sur nos berceaux pour les bénir ; qui nous guide dans le rude sentier de la vie ; qui nous consolera au déclin des ans.

Si des hommes inspirés par le génie du Mal, si de froids détracteurs, se traînant à la remorque du vieil Athéisme, semblent se complaire dans la destruction des croyances évangéliques qui firent les saint Louis et les Vincent de Paul, il faut que l'on sache qu'au sein de cette jeune génération, à laquelle on s'efforce d'inoculer le poison du doute, il est une phalange, plus nombreuse, peut-être, qu'on ne le suppose, qui, avec l'illustre auteur du *Génie du Christianisme*, repousse la coupe vénéneuse, de quelque fleurs qu'on l'environne ; une phalange qui veut garder intacte, comme un dépôt précieux, son admiration pour le Divin Crucifié ; phalange qui n'enfouit pas toutes ses espérances dans la poussière terrestre, cette poussière fût-elle d'argent ou d'or.

Il appartenait à nos aînés dans la Foi, aux vénérables chefs de l'Eglise catholique, aux soldats d'élite de la pléïade chrétienne, d'élever les premiers leurs voix autorisées ; de flétrir avec énergie les doctrines dissolvantes du scepticisme, d'autant plus dangereuses qu'elles tendent à ruiner de fond en comble le grand édifice religieux et social consacré par dix-huit siècles d'apostolat, cimenté par le sang des martyrs.

Notre rôle est plus modeste.

Compatriotes de M. Renan, nous essaierons de raconter sa vie.

Dans les premiers chapitres de cette esquisse,

nous ferons le portrait de l'enfant docile, de l'écolier studieux, du jeune homme modèle, tel que la Foi l'avait fait au foyer de sa mère, chez les Frères de la Doctrine chrétienne, au Petit-Séminaire de Tréguier.

Plus tard, quand l'orgueil et les ténèbres du doute auront envahi l'esprit et le cœur de l'ange déchu, nous le verrons, appuyé sur le *Talmud*, brûlant ce qu'il avait adoré, offrir à son tour le fiel et le vinaigre aux lèvres du Sauveur ; nous le verrons descendre jusqu'à se faire, dans la *Vie de Jésus,* l'avocat posthume de Judas Iscariote !....

Qu'il nous soit permis, en terminant ces lignes, de remercier toutes les personnes obligeantes qui, s'associant à notre œuvre, ont bien voulu nous seconder dans la recherche des renseignements qui nous étaient nécessaires. Si ce livre a quelque valeur, s'il peut produire quelque bien, c'est à leur concours éclairé qu'il en faudra reporter l'honneur.

ERNEST RENAN.

I.

Tréguier. — Le capitaine Renan, père d'Ernest. — Anecdotes. — Mariage du capitaine à Lannion. — Piété de Mme Renan. — Etablissement de la famille à Tréguier.

Suivez la nouvelle ligne des chemins de fer de l'Ouest. Arrivé à Guingamp, prenez une voiture pour Tréguier ; elle vous conduira dans une petite ville propre et coquette.

La patrie du vénéré Saint Yves baigne ses pieds dans un cours d'eau d'une certaine importance, *le Trieux ;* elle appuie sa tête sur le sommet d'une fraîche colline.

On n'y voit guère qu'un monument remarquable : la cathédrale, véritable bijou archéologique du XIVe siècle, brodé comme une dentelle de Malines, ciselé comme un vase florentin.

Les rues de Tréguier sont étroites, ainsi que dans la plupart des villes bretonnes.

Prenez celle qui, de l'église où officia *l'Avocat des Pauvres,* descend au port en longeant les Cloîtres. Vous vous trouverez bientôt devant un grossier bâtiment qui fait l'angle de la Grand'-Rue et de la rue *Treûz.* (1) Cette habitation, qui semble être un ancien hôtel bourgeois, a toute sa façade faite de poutrelles et de colombage. Les deux pignons sont seuls de pierre. Le premier étage surplombe le rez-de-chaussée, comme c'était l'usage il y a à peine deux cents ans. Elle est habitée actuellement par un honnête boulanger.

C'est là que vivait, au commencement du siècle dernier, la famille Renan.

M. Philibert-François Renan, capitaine au long-cours, et non maître au cabotage, comme on l'a écrit par erreur, se bornait à naviguer sur les côtes de Bretagne et de Normandie.

C'était un homme d'une certaine capacité, un peu vif, comme tous les gens de mer, ayant un faible pour le *gwin-ardant ;* (2) mais d'ailleurs plein de cœur et parfait honnête homme. Il était d'une forte corpulence, avait le poing solide, parlait haut et fumait fort.

S'il avait les travers du marin, il en possédait aussi au suprême degré toutes les qualités ; il était ami de la gaieté et plein de bravoure.

(1) Mot breton : rue Traversière.

(2) Mot breton : *le vin ardent,* l'eau-de-vie.

Deux anecdotes assez curieuses le démontreront suffisamment.

A cette époque vivait à Tréguier un vieillard excessivement avare. Quoique possesseur d'une fortune très satisfaisante, le bonhomme faisait maigre chère ; il ne voulait se nourrir que des produits de son jardin.

Un soir que le capitaine Renan, promenant avec quelques amis, cherchait un moyen dé se distraire, il lui vint à l'esprit de jouer un tour au Crésus-Harpagon.

Sans plus tarder, il se rend avec escalade dans le verger du bonhomme, y cueille tous les artichauts qui s'y trouvent, et, pendant que l'on porte à la ménagère les bienheureux légumes, il va prier le propriétaire du jardin de vouloir bien prendre part à un souper d'amis. L'offre, on le comprend, fut acceptée avec joie, et l'avare ne s'épargna pas la nourriture. Jugez de son dépit lorsqu'il s'aperçut que le festin avait eu lieu à ses dépens !

Un autre fait montrera combien était grand le courage du capitaine au long-cours.

Le blocus continental venait d'être déclaré ; l'Angleterre capturait nos navires ; nous capturions les siens.

Le capitaine Renan commandait alors le sloop *l'Aventurier*.

Se trouvant dans le port de Saint-Malo avec un chargement de valeur qu'il avait hâte de ramener à destination, il résolut de braver les croisières ennemies qui sillonnaient la Manche, et partit à la grâce de Dieu.

Une violente tempête s'élève pendant la traversée : on ne distingue plus rien. Un corsaire anglais, que M. Renan n'avait pu voir, fond tout-à-coup sur *l'Aventurier* et le capture ; l'équipage du sloop est fait prisonnier. Le capitaine et son mousse sont seuls laissés sur leur navire, qui, remorqué par le corsaire, se dirige vers les côtes anglaises.

Cependant, la tempête augmente ; les vagues furieuses escaladent le pont, en secouant leur blanche crinière ; un naufrage paraît imminent. Pourtant l'ennemi ne veut pas lâcher sa proie ; quatre marins sont détachés de l'équipage anglais et laissés sur le navire trégorois, qui est désamarré.

Dès que le corsaire se fût éloigné, M. Renan s'approche de son mousse, auquel il donne des armes, en lui recommandant de les attirer au premier signal et de faire feu à la moindre résistance ; puis, sous un prétexte quelconque, il descend dans la cale, creuse bravement dans la carène une légère ouverture, et remonte aussitôt en annonçant qu'une voie d'eau vient de se déclarer.

Pâles d'épouvante, les ennemis somment le capitaine de prendre tous les moyens possibles pour la fermer. Celui-ci, les bras croisés, répond avec un calme glacial : — « Que m'importe, à moi ! je préfère avoir la mer pour tombe que mourir sur un de vos pontons. Faites ce que vous voudrez ! »

Voyant que les menaces n'intimident pas le capitaine prisonnier, deux marins se décident à descendre eux-mêmes dans la cale. A peine y sont-ils entrés, que le capitaine Renan et son mousse, saisissant les deux Anglais restés sur le pont, leur mettent soudain le pistolet sous la gorge et les somment, sous peine de mort, d'aller rejoindre leurs camarades au fond du navire.

Jugeant toute résistance inutile, les ennemis obéissent. Aussitôt les panneaux sont encloués, les barriques et les chaînes entassées sur le pont, et l'*Aventurier* rentre triomphant à Saint-Malo, au milieu d'une foule étonnée de retrouver le valeureux capitaine maître d'un équipage anglais.

A quelque temps de là, M. Renan, moins heureux, fut fait prisonnier et envoyé sur les pontons, où il passa plusieurs mois. Il en sortit pour devenir professeur d'hydrographie à Londres, ce qui lui fut facile, car il avait fait à Brest de sérieuses études de science nautique et de langue anglaise. Lorsque la paix fut conclue, il devint libre et revint à Tréguier.

M. Renan étant marin et fils de marin (son père était capitaine de barque), n'avait voulu s'allier qu'à une famille de marins.

Il épousa, le 31 décembre 1807, à Lannion, Mⁱˡᵉ Magdeleine-Josèphe Feger. C'était une charmante jeune fille, citée comme l'une des plus remarquables beautés lannionnaises. Elle était plus connue sous le nom de *Manon Lasbleiz* (1) que sous son véritable nom.

Simple, laborieuse, active, Mᵐᵉ Renan possédait toutes les qualités d'une bonne ménagère. Sa piété était extrême ; on dit même qu'elle allait jusqu'à l'exagération.

Dès la première année de cette union, les époux Renan se trouvèrent dans un état voisin de la gêne. Bientôt, grâce aux capacités du mari, qui réalisait par de fréquents voyages des bénéfices assez considérables, grâce surtout à l'économie de l'épouse, ils purent monter à Tréguier un petit commerce d'épiceries, auquel vint successivement se joindre la vente du fer, des cordages et du charbon de terre. Dans notre pays, le commerce, surtout celui du fer, se faisait alors sur une très petite échelle ; le magasin de Mᵐᵉ Renan était un des plus considérables.

Telle était la situation de la famille Renan, lorsque naquit un premier enfant.

(1) *Manon* est le synonyme populaire de Magdeleine ; Lasbleiz était le nom du premier mari de sa mère.

II.

Naissance des enfants. — La vieille nourrice d'Ernest. — Mort du
capitaine Renan. — Départ d'Alain et d'Henriette. — Henriette
chez Mme Guizot. — Ernest Renan chez les Frères de la Doctrine
Chrétienne et au Petit-Séminaire de Tréguier. — Son caractère, sa
piété, ses succès. — Ses amis Liard et Guyomar. — Il se fait
congréganiste. — Son acte de consécration à la Sainte Vierge. —
Son départ pour Paris. — Triste pressentiment de sa mère.

M. et Mme Renan eurent trois enfants.

Ils naquirent dans un ordre inverse à celui que
la renommée leur assigna plus tard.

Alain-Clair vint le premier égayer le foyer
domestique, le 10 janvier 1809.

La seconde enfant, Henriette-Marie, vint au
monde avant terme, le 22 juillet 1811. Sa consti-
tution faible nécessitait des soins particuliers et
continuels ; sa mère ne put suffire à les lui donner,
et sa nourrice, Mme Janvier, mourut à la peine.

Douze ans après, le 27 février 1823, alors que
le ménage ne devait plus attendre d'enfant, naquit
Ernest-Joseph Renan, celui qui plus tard devait
signer *la Vie de Jésus*.

Le tempérament du jeune Ernest était si délicat
que l'on regarda sa conservation comme un miracle

dû à l'intercession de la Sainte Vierge, que Mme Renan avait implorée nuit et jour. (1)

Ernest fut élevé par une parente de sa mère, car, tout entière à son négoce, Mme Renan ne pouvait donner de soins au nouveau-né qu'à de rares intervalles.

Sa nourrice l'aimait avec une sorte de culte. C'était un de ces vieux types de la domesticité bretonne qui, comme le lierre, meurent où ils s'attachent ; une de ces antiques figures si pleines de douceur, si dignes de respect, qui tendent malheureusement à disparaître de jour en jour, et qu'Emile Souvestre a mises en relief avec tant de bonheur dans *la Fileuse d'Evrecy*.

Il faut l'avouer, la pauvre femme a été peu récompensée de cet amour. A peine sortie de Tréguier, la famille Renan ne s'est pas souvenue qu'elle laissait derrière elle une bien ancienne affection. Aujourd'hui, la vieille domestique vit oubliée de tout ce qu'elle aima ; quand on lui parle d'Ernest, de grosses larmes viennent voiler sa paupière : « A Paris, on oublie donc bien vite ! » dit-elle.

Ernest n'avait que cinq ans lorsqu'un grand malheur vint frapper la laborieuse famille.

Le 12 juin 1828, le capitaine Renan, rentrant à son bord, fit un faux pas sur les quais de Saint-Malo et tomba à la mer : c'était durant la nuit ;

_____

(1) Cette circonstance nous a été racontée par sa nourrice.

personne ne s'aperçut de sa disparition. Le cadavre fut emporté sur d'autres rivages. Dix-sept jours après seulement, le 1er juillet, le corps, horriblement défiguré, fut retrouvé sur la grève de Laurnez, commune d'Erquy.

Le besoin se fit bientôt sentir chez la famille de la malheureuse veuve. Force fut à celle-ci, qui n'avait plus le navire de son mari pour lui apporter sans frais des marchandises, de liquider ses affaires. Sa demeure lui appartenait ; elle loua le rez-de-chaussée et le premier étage à un boulanger — le même qui l'habite actuellement — et se retira aux étages supérieurs, avec son plus jeune enfant.

Les deux autres émigrèrent de la maison paternelle.

Alain, qui avait terminé ses études au collége de Tréguier, après y avoir obtenu quelques succès, trouva bientôt un emploi qui le mit à même d'apporter un peu de soulagement aux misères domestiques. Ses connaissances mathématiques lui valurent une position lucrative dans une maison de banque.

Après avoir exercé pendant plusieurs années le négoce à Saint-Malo pour son propre compte, il quitta cette ville, à la suite d'affaires désastreuses ; de là, il se rendit à Paris, où il est aujourd'hui caissier dans une maison industrielle.

Henriette trouva également un emploi. Après avoir reçu les premiers éléments de l'instruction chez les Sœurs de Tréguier, elle avait continué à travailler sous le toit domestique, avec l'aide et les conseils de quelques amis de sa mère. Elle avait une fiévreuse ardeur pour l'étude ; la lecture avait surtout pour elle un irrésistible attrait. Laissée seule assez fréquemment dans la bibliothèque de ses maîtres officieux, elle en avait profité pour lire tout ce qui lui était tombé sous la main. De cette manière, elle avait acquis une série de connaissances incomplètes et superficielles, si l'on veut, mais variées, étonnantes chez une jeune personne de son âge. Charmés de la précision de ses réponses, touchés de sa grande piété, quelques professeurs du Petit-Séminaire de Tréguier, qui connaissaient intimement la famille Renan, la recommandèrent à Mgr Le Mée, alors évêque de Saint-Brieuc.

Le digne prélat lui fit obtenir une position avantageuse dans une maison d'instruction fondée à Paris par Mᵐᵉ Guizot. Cette femme illustre voulut elle-même faire subir un examen préliminaire à la jeune trégoroise : Henriette en sortit avec éclat.

La mère de famille ne garda donc près d'elle que le jeune Ernest.

Il fit sa première éducation chez les Frères de la Doctrine Chrétienne.

L'enfant étudia avec une si constante application, il apprit avec une telle rapidité, que la mère résolut de le faire entrer comme externe au Petit-Séminaire de sa ville natale.

En agissant ainsi, M⁽ᵐᵉ⁾ Renan avait l'intention d'ouvrir à son fils les voies du sacerdoce.

D'ailleurs, le caractère, les goûts, les instincts, l'extérieur même du petit écolier, tout semblait montrer en lui un futur ministre de Dieu.

C'était, en effet, un charmant enfant que le jeune Ernest. Bien fait de corps, d'une physionomie expressive et rêveuse, le front haut et couronné de délicieuses boucles blondes, il joignait aux agréments physiques toutes les qualités de l'esprit et du cœur.

C'était à un tel point que, lorsqu'il revenait de classe, ses livres sous le bras, marchant « *comme une petite bonne sœur,* » pour nous servir de l'expression de l'un de ses professeurs, les grandes dames l'arrêtaient pour l'embrasser, en s'extasiant sur son joli visage, et chacun le montrait en disant : « Voyez donc notre *petit évêque !* » La prédiction, il faut le reconnaître, tombait complètement à faux.

Renan était aussi pieux qu'aimable, mais sa ferveur n'était pas tout-à-fait la piété bretonne.

Le séminariste trégorois s'est fait une religion à lui, toute de fleurs et de bannières, de chants d'allégresse et de cantiques solennels, ce ne sont que psaumes redits en chœur dans les chemins creux, litanies récitées au milieu des blés, bouquets de marguerites déposés au pied de la Vierge.

Telle n'était pas la piété d'Ernest.

Silencieux et mystique, il fuyait les réunions; quand il priait, c'était dans la solitude. Ses adorations étaient entièrement contemplatives. Sa jeune intelligence semblait avoir déjà de singulières préoccupations. Combien de fois ne consacra-t-il pas à la méditation et à la prière les heures que l'enfance a coutume de donner aux frivolités et aux jeux.

S'il causait, c'était avec Dieu ; s'il jouait, c'était à dire la messe ou à prêcher devant sa mère et sa *bonne*.

Les jeunes trégorois ont coutume d'élever de petits oratoires qu'ils dédient à la Sainte Vierge ou au *bon Jésus*.

Comme les autres, Ernest avait le sien ; mais on n'y voyait ni fleurs ni dentelles.

Il était, au contraire, d'une simplicité vraiment primitive. Mme Renan, fière de son fils, en qui elle croyait voir une future colonne de l'Eglise, lui avait confectionné des ornements de toile, et non de papier, comme ceux dont se servaient tous ses camarades. Bien souvent, le jeune Ernest, vêtu de la chape blanche et de l'étole de lin, s'était déjà cru réellement ministre des autels.

Les autres enfants mêlaient souvent des plaisanteries profanes à ces jeux religieux.

Ernest, lui, ne sourcillait point : il prenait son rôle au sérieux ; s'il eût jamais dû officier véritablement, il n'eût pas été plus calme et plus recueilli.

Ce qui lui plaisait par-dessus tout, c'était d'aller, le soir, prier à l'église. A cette heure délicieuse où le silence succède aux bruits du jour, où le crépuscule, voilant doucement toutes choses, invite l'âme croyante à penser à Dieu, l'enfant se rendait furtivement au temple et s'agenouillait entre les sombres colonnes du vieux monument.

Là, sous ces voûtes profondes, à la lueur incertaine de la lampe sacrée, dans cette atmosphère de recueillement et de sainteté, il lui semblait plus facile de s'élever jusqu'au Très-Haut. Il avait raison ; son enfantine prière, dégagée de toute pensée humaine, montait, rapide comme la flèche, jusqu'aux pieds de l'Eternel.

Oh ! n'est-ce pas, M. Renan, qu'à ces beaux moments où votre foi vive, ardente, vous faisait oublier tout ce qui est terrestre, vous lançait à travers l'éther, vous jetait soudain devant Dieu dans toute sa magnificence, n'est-ce pas que votre âme débordait d'allégresse ! C'étaient alors des jours de bonheur.

Dès son entrée au Petit-Séminaire, Ernest se fit remarquer par une grande régularité, une attention soutenue, un travail persévérant. Ses vieux professeurs, qu'il a oubliés depuis longtemps, mais qui se le rappellent toujours, n'ont trouvé que ces mots flatteurs pour le caractériser : « Doux, prévenant, affectueux, modeste et réservé ; » en un mot, tout ce qui fait le bon élève et le bon chrétien.

Nous croyons intéressant de donner ici un résumé de la journée de l'élève trégorois.

Avant de mettre le pied dans la cour du Collége, Renan allait tout d'abord à la chapelle faire sa visite quotidienne au Saint-Sacrement : il ne se dirigeait vers le lieu de récréation que le plus tard possible, et seulement afin de prendre rang pour se rendre à l'église , où les élèves réunis entendent la messe chaque matin. Là, sa conduite était exemplaire. En classe, muet et recueilli, il était le même qu'à la chapelle.

C'était un modèle : les notes qu'il obtint alors sont là pour le constater.

Maintenant, suivez-nous, je vous prie, dans sa chambre de travail. Montez cet étroit et noir escalier de bois ; arrêtez-vous au troisième étage. Entrez : ce logement si simple et si pauvre fut longtemps le sien. Oui, c'est là que Renan se plongeait tout entier, malgré son jeune âge, dans le travail et l'étude.

Voici la fenêtre d'où il jetait un regard de délassement quand sa pensée avait besoin de repos. Et vraiment la vue était de nature à lui rafraîchir l'âme : à droite, au milieu d'un fouillis de maisons, les chapelles élèvent au ciel leurs clochers ; à gauche, la campagne déploie ses luxuriantes nappes de verdure, au milieu desquelles s'étale *le Trieux*, comme un ruban sur une robe d'épousée.

C'est au coin de ce foyer qu'il venait réchauffer ses doigts engourdis, quand, après une longue veillée d'hiver, il avait terminé son labeur, qu'il prolongeait quelquefois jusqu'à deux heures du matin.

Déjà, peut-être, l'enfant songeur, tout en regardant flamboyer le genêt dans l'âtre, rêvait-il gloire et richesse, surtout lorsqu'après avoir entrevu, au retour de la classe, de splendides équipages, il se trouvait en face de quelque chose qui ressemblait à de la misère !

Ce n'était pas seulement l'espérance d'un brillant avenir et la soif de toute science humaine qui poussaient Ernest à étudier avec tant d'ardeur. Le désir d'exercer sur ses condisciples une supériorité que le travail seul pouvait lui donner, et celui de conquérir l'amitié de ses maîtres, étaient aussi pour lui de puissantes incitations.

En effet, on comprend que, pour le studieux élève, c'était un véritable bonheur d'être l'ami et presque le compagnon des ministres de Dieu.

Renan n'épargnait aucun soin pour gagner

l'affection de ses professeurs. Cela lui était facile ;
il possédait au suprême degré cette amabilité qui
captive, cette douceur qui provoque l'amitié.

Son application avait un plein succès : ses professeurs lui témoignaient une affection toute par-
ticulière.

Cependant, s'il savait exciter la sympathie, il
ne pouvait se défendre envers les autres d'un certain sentiment de défiance. Poli envers tous, il
acceptait la camaraderie, mais repoussait l'intimité. Renan savait arrêter les bonds de son
cœur, et, s'il se sentait porté vers un condisciple,
il l'étudiait longtemps avant de lui témoigner sa
préférence. Il voulait choisir ses amis avec connaissance de cause.

Les seuls qu'on lui connut alors furent les jeunes
Liard et Guyomar.

Ils avaient tous deux la douce physionomie
d'Ernest. Une grande expression de candeur et
de bonté caractérisait surtout le visage de Guyomar ; celui de Liard avait quelque chose de plus
ferme, de plus austère.

Comme Renan, ils se destinaient à l'état ecclésiastique ; plus heureux que lui, ils ont persévéré.

Soit qu'ils fussent trop faibles pour repousser
sa supériorité, soit qu'ils l'eussent reconnue dès
l'abord, ils l'avaient tacitement acceptée. On en
voyait à chaque moment des marques extérieures.
Ernest revenait-il du Collége ? Il était toujours au

milieu de ses deux compagnons, qui mesuraient son pas au sien, et le plus souvent lui portaient ses livres. Projetait-on une promenade ? C'était lui encore qui en désignait le but. Enfin, si les deux amis étaient d'avis différents, c'était à Ernest qu'ils s'en rapportaient pour trancher la question.

Les professeurs du Petit-Séminaire les offraient comme modèles à leurs condisciples. Ceux-ci leur avaient donné des surnoms qu'on se rappelle encore.

Renan s'appelait *saint Louis de Gonzague* ; Liard était surnommé *saint Yves* ; Guyomar, *saint Stanislas Kotska.*

Comme celui dont il portait le nom, Ernest était riche d'innocence et de candeur ; Dieu lui avait accordé, ainsi qu'à saint Louis de Gonzague, les ravissements de l'oraison et les ivresses mysté-rieuses de l'extase.

Les vertus de Liard étaient les mêmes que celles du patron de Tréguier : l'amour de la mortification et la charité. Bien souvent le jeune enfant parta-geait son goûter avec les pauvres du quartier, ou leur donnait la petite pièce de monnaie qu'il rece-vait le dimanche.

Comme saint Stanislas, Guyomard possédait au suprême degré la vertu d'obéissance et la résigna-tion ; il était le consolateur, quand une punition ou un échec avaient attristé un de ses camarades.

3

Au collége de Tréguier, il s'en fallait beaucoup que tout le monde fût partisan de l'association des trois amis. On les voyait avec déplaisir faire société à part, et cependant on ne pouvait les séparer, car si, dans les institutions religieuses, toute intimité à deux est proscrite, elle est permise à trois.

Ernest s'était chargé de défendre l'association : sa seule arme était son esprit, et il s'en servait à merveille. Si quelqu'un s'opposait à l'amitié des trois intimes, Ernest lui appliquait aussitôt un sobriquet. Le plus souvent ce surnom, tiré des exemples de la grammaire latine, était si bien trouvé, qu'il était adopté par acclamation.

Un maître d'étude, qui se faisait un malin plaisir d'épier les trois amis, reçut d'Ernest, et bientôt de la classe entière, le nom de *Cupidus videndi* (Curieux de voir).

Un autre professeur, enclin à empiéter sur les droits et prérogatives du chef de l'établissement, fut nommé *Ego nominor Leo* (Je m'appelle Lion).

Un cuisinier, qui fêtait un peu trop la dive bouteille, avait dit, en parlant des trois amis, que cette trinité-là n'était pas indivisible : on le baptisa du surnom de *Plenus Vino* (Plein de Vin), qu'il a toujours conservé depuis.

Cependant, Ernest ne prodiguait pas la raillerie. De même qu'il savait arrêter les bonds de son cœur, quand il se sentait entraîné vers un condisciple, de même il savait arrêter aussi l'ironie, prête à franchir la barrière de ses lèvres, quand elle pouvait être d'un funeste effet pour lui,

Possédant un caractère tel que celui que nous avons décrit, on comprend que Renan était parfaitement maître de ses moindres actes, de ses plus petits mouvements. Sa volonté acquit une fermeté et son caractère une rigidité beaucoup au-dessus de son âge. Cette vigueur morale était encore accrue par le soin que prenait sa mère de le tenir à l'écart de toute espèce de souillure.

Son ardeur à l'étude, la ferveur de sa piété, les saintes dispositions qu'il avait montrées pendant ses communions, lui valurent plusieurs distinctions.

Après avoir été deux ans membre de la Congrégation de la Sainte Vierge, érigée au Petit-Séminaire de Tréguier, il en fut bientôt nommé assistant, grade qui précède immédiatement celui de président.

Il est curieux de lire son acte de consécration à Marie, qu'il écrivit de sa propre main sur les registres de la Congrégation :

« . . . .
» . . . .
» . . . . . . Moi, Ernest-Joseph Renan, je vous
» choisis aujourd'hui pour ma Reine, ma Pa-
» tronne, ma Protectrice auprès de Dieu, ma
» glorieuse Mère ; je prends la résolution fixe et

» le ferme propos de ne jamais abandonner votre
» culte, les intérêts de votre gloire pendant toute
» ma vie, spécialement de ne jamais rien dire,
» rien faire contre vous, ni permettre que ceux
» qui dépendent de moi donnent par leurs
» exemples ou leurs discours la plus légère
» atteinte aux honneurs et aux hommages qui
» vous sont dus à tant de titres.

» ERNEST RENAN. »

Renan fut encore l'objet d'une autre distinction. On le chargea des fonctions de cérémoniaire. Cet emploi consiste, on le sait, à veiller au service de l'autel et à diriger la marche des thuriféraires dans les processions.

Avant de parler de son départ pour la capitale, nous devons énumérer les divers succès qu'il remporta dans le cours de ses études.

En voyant leur grand nombre, il ne faudrait pas croire qu'ils ne lui coûtèrent pas de peine. Il avait, au contraire, de sérieux rivaux. Ceux-ci l'emportaient quelquefois. Lorsqu'il se voyait vaincu, son dépit allait jusqu'aux larmes ; il tombait dans un mutisme que rien ne pouvait rompre. Renan était loin d'être le plus intelligent des élèves de sa classe ; c'est à la seule opiniâtreté de son travail qu'il dut de remporter les palmes scolaires dont nous donnons ci-après le détail.

En huitième, il obtint le prix de version latine.

En septième, les prix de mémoire, de version latine, de grammaire française, d'histoire et d'excellence.

En sixième, les prix de mémoire, de version latine, de thême, de version grecque, de grammaire française, d'histoire et d'excellence.

En cinquième, les prix de mémoire, de version latine, de thême, de grammaire française, d'histoire et géographie et d'excellence.

En quatrième, les prix de thême, de version latine, de version grecque, de vers latins, d'histoire et géographie et d'excellence.

En troisième, les prix de mémoire, de thême, de version latine, de version grecque, de vers latins, d'histoire et géographie et d'excellence.

Un touchant épisode marqua la dernière distribution à laquelle Renan assista. Ses deux amis, Liard et Guyomar, lui ménagèrent une petite surprise. Au sortir du Collége, tous deux se chargèrent de ses prix, les placèrent sur une civière enrubannée et les portèrent ainsi jusqu'à sa demeure, suivis d'une foule assez considérable.

A cette époque, Ernest était un spécimen du *kloarek* (1) breton dans toute sa virginale candeur. Simple et modeste dans sa marche, ne détournant

_____
(1) Mot breton : Clerc, séminariste.

jamais la tête, rougissant au moindre compliment, baissant timidement les yeux devant un autre regard, on reconnaissait en lui dès l'abord le jeune lévite élevé à l'ombre des autels, loin du monde et de son tumulte.

Renan abandonna Tréguier après avoir terminé sa troisième.

Sa sœur Henriette ayant montré les palmarès du Petit-Séminaire de Tréguier au médecin de Mgr de Quélen, qui fréquentait l'établissement de Mme Guizot, ce dernier trouva qu'il serait regrettable de laisser végéter dans une petite ville un sujet aussi distingué. Il fit part de ses remarques à l'abbé Tresvaux, chanoine de Notre-Dame ; celui-ci en parla lui-même à l'archevêque de Paris.

A cette époque, le gouvernement suscitait des embarras aux ecclésiastiques sans diplôme qui voulaient s'occuper d'enseignement. Mgr de Quélen priait tous les Séminaires de la province de lui envoyer leurs plus brillants élèves, afin qu'ils suivissent les cours supérieurs, et qu'ils pussent obtenir des grades universitaires.

Ce fut dans ces circonstances qu'Ernest Renan, recommandé à Tréguier par son savoir et sa piété, à Paris par ses hautes protections, se dirigea vers la capitale.

La veille du départ, un souper d'adieu réunissait la mère, le fils et l'un des plus anciens professeurs du Petit-Séminaire.

Au moment où l'on allait se séparer, Mme Renan, saisie d'un triste pressentiment, voulut faire un dernier effort pour retenir son enfant. Elle se jeta dans les bras du prêtre, et s'écria en versant des larmes : « Mais, mon Dieu, Monsieur l'abbé, si pourtant mon fils allait se perdre ! »

Le bon prêtre la rassura, mais la pauvre mère n'en avait pas moins deviné juste.

III.

Séjour de l'abbé Renan à Saint-Nicolas-du-Chardonnais, au Séminaire
d'Issy et au Grand-Séminaire de Saint-Sulpice. — Ses succès. —
Renan est nommé catéchiste. — Opinion de Montalembert sur les
instructions de l'abbé Renan. — Lettre de Renan annonçant à l'un
de ses amis qu'il vient de recevoir la tonsure. — Remplacement du
professeur d'hébreu. — Dépit et revirement du Séminariste. —
Conseils de Monseigneur Dupanloup. — Renan, préfet des études
au Collége Stanislas. — Retour à Tréguier. — Entrevue de Renan
avec son ancien professeur de rhétorique.

Dès son arrivée, Ernest reçut à Paris le plus
favorable accueil.

Le vénérable abbé Tresvaux lui témoigna parti-
culièrement un grand intérêt ; il le recommanda à
M. Dupanloup, alors grand-vicaire de Mgr de
Quélen.

Renan avait quatorze ans lorsqu'il entra,
comme boursier, au Petit-Séminaire de Saint-
Nicolas-du-Chardonnais, dont l'illustre évêque
d'Orléans était directeur (1837).

Il y doubla sa troisième, et, malgré de redou-
tables rivaux, y remporta le prix d'excellence.

Une traduction en vers latins, d'un passage du

Camoëns, courut l'établissement et fut admirée de tous. Une narration latine, où le jeune séminariste avait essayé d'imiter le style rude et serré de Tacite, lui valut les éloges de M. Dupanloup lui-même.

Moins esclave des convenances scolaires dans un établissement qui devait être fier, — il le croyait, — de le compter au nombre de ses élèves, il ne prit plus la peine de se contraindre : ainsi il se montrait ouvertement sombre, taciturne, insociable envers ses condisciples.

En agissant de la sorte, Ernest suivait non-seulement ses goûts d'isolement, mais il passait encore pour *un être à part* ; ses professeurs l'estimaient ; ses camarades le trouvaient étrange : son but était surtout de se faire remarquer.

Maladroit à tous les jeux, s'il eût voulu y prendre part, il se serait inévitablement vu raillé par ses camarades. Or, ne reconnaissant aucune supériorité, pas plus dans les récréations que dans le travail, il préférait s'abstenir.

Comme à Tréguier, sa piété semblait extrême ; il assistait à tous les offices, passait toutes les récréations dans la méditation, et communiait trois fois par semaine.

C'est à ce dernier fait que Mgr d'Orléans fait allusion, lorsqu'il défie M. Renan, dans son *Avertissement aux Pères de famille*, d'attaquer l'Eucharistie. En effet, comment pourrait-il outrager l'institution divine dont il a si souvent éprouvé les salutaires effets.

A cette époque, le jeune séminariste était l'élève de prédilection de l'illustre orateur ; il en était « l'enfant gâté. »

Toutes les faveurs lui étaient accordées : s'il y avait un prédicateur célèbre, Renan se trouvait du petit nombre des privilégiés qui allaient l'entendre.

Il avait su inspirer une si grande estime dans l'établissement de Saint-Nicolas, que ses maîtres eurent un moment l'idée de le mettre à l'ordre du jour et de le proposer comme modèle à tous les élèves du Séminaire.

M. Dupanloup écrivit à ce sujet au directeur du Petit-Séminaire de Tréguier pour lui demander si le passé de l'élève breton était digne de son présent.

On répondit que la conduite d'Ernest à Tréguier avait été exemplaire, il est vrai, mais que cependant il ne méritait pas, croyait-on, « *cette espèce de canonisation anticipée.* »

On s'abstint, et l'on eut raison.

Son départ de Saint-Nicolas fut marqué, comme son entrée, par un grand succès : une savante étude sur le génie d'Alexandre-le-Grand lui fit décerner le premier prix d'histoire.

En lui remettant ce prix, M. Dupanloup, le caressant amicalement, dit devant tous les assistants : « Ce jeune homme grandira ! »

Plût au ciel qu'il n'eût grandi que pour la gloire de l'Eglise !

Cette palme fixa définitivement sur le séminariste l'attention de son éminent protecteur, qui s'occupa dès lors de compléter son éducation.

En 1841, après quatre ans de séjour, le jeune Renan, quittant l'établissement de Saint-Nicolas-du-Chardonnais, entra au Grand-Séminaire d'Issy.

Il s'y livra particulièrement à l'étude de la philosophie et des mathématiques ; mais, dénué de toute aptitude pour les sciences exactes, il n'approchait jamais des premières places. Quant à la philosophie, il y travaillait avec persévérance.

Les ouvrages de Jouffroy formaient sa lecture habituelle ; on prétend que ces livres jetèrent les premiers germes du doute dans son âme.

Une autre cause vint encore contribuer à diminuer sa foi jadis si vive.

Sa sœur Henriette, qui avait quitté l'établissement de Mᵐᵉ Guizot, pour entrer comme gouvernante dans une maison princière d'Allemagne, où elle dirigeait l'éducation d'une jeune fille, avait pris goût à la philosophie nébuleuse des rêveurs germaniques. Entretenant avec son frère une correspondance active, elle lui fit part de ses idées et lui envoya même plusieurs ouvrages.

Suivant ces conseils, Ernest étudia la langue de Strauss dans ses heures de loisirs. Il y fit des progrès rapides et fut bientôt à même de comprendre les écrivains allemands.

Déjà le philosophisme et l'orgueil avaient fait des ravages profonds dans son âme, lorsqu'il entra, en octobre 1841, au Grand-Séminaire de Saint-Sulpice, dirigé par le vénérable abbé Carrière.

On raconte que, le jour même de son arrivée, Renan grava sur son pupitre le verset suivant : « *Benedictus qui dedit mihi intellectum, Domine !* » (Béni soit Celui qui m'a donné l'intelligence !)

Ses professeurs s'effrayèrent bientôt des tendances de son esprit : ils le trouvaient « présomptueux, hardi, raisonneur. »

Toutefois, le talent que l'on remarquait en lui le fit bientôt choisir pour suivre les cours de haute théologie et de langues anciennes.

Il apprit l'arabe, l'hébreu, le syriaque.

Son professeur d'hébreu fut le savant abbé Lehir, de Morlaix. Comme compatriote, ce vieillard lui voua une affection toute paternelle.

On demandait un jour au respectable ecclésiastique s'il pensait que son ancien élève fût bien fort en hébreu : « Ce jeune homme m'a quitté trop tôt, répondit-il, et précisément au moment où il allait le comprendre. »

Cependant l'abbé Renan cultivait les langues aux dépens de la théologie. L'étude du dogme, de la morale, du droit canon, de la patrologie, étaient pour lui sans intérêt ; les travaux philologiques seuls lui plaisaient ; il s'y livra presque entièrement.

Quelque temps après son entrée au Grand-Séminaire, il fut placé au nombre des catéchistes.

Cette distinction ne s'accorde, on le sait, qu'aux sujets d'élite.

Une touchante élégie, qu'il avait composée sur la mort de Mgr de Quélen, — poésie qui fit grand bruit à Paris dans le monde ecclésiastique, — contribua surtout à fixer sur lui le choix de ses supérieurs.

Ernest s'acquittait de ses fonctions d'une façon remarquable ; il eut plusieurs fois l'honneur de se faire entendre devant d'illustres auditeurs.

Un jour, Lacordaire et Montalembert, attirés par sa naissante renommée, vinrent l'écouter. Renan faisait une instruction sur la prière.

Tous deux furent tellement touchés, que l'auteur des *Moines d'Occident* dit en sortant au célèbre Dominicain : « Mais, c'est du Bossuet, cela ! »

Deux années après son entrée à Saint-Sulpice, Ernest Renan recevait, à l'ordination de Noël 1843, la tonsure et les ordres mineurs.

Nous avons sous les yeux une curieuse lettre dans laquelle il fait part à l'un de ses amis de la joie qu'il ressentit. La voici :

« Paris, 2 janvier 1844.

« Ne t'imagine pas, mon cher ami, que ce soit
» pour obéir à la cérémonie de la bonne année

» que je t'adresse ces quelques lignes. Il n'y a pas
» de cérémonies entre amis ; et d'ailleurs tu aurais
» facilement deviné mes souhaits. Mais je n'ai pas
» voulu laisser passer la circonstance présente
» sans t'annoncer par moi-même la grâce qu'il a
» plu à Dieu de me faire en me permettant de me
» consacrer à lui par la tonsure cléricale. Je le
» fais avec d'autant plus de joie que je parle à un
» ami capable de comprendre toute la douceur
» que l'on trouve en se consacrant à Dieu et en le
» prenant pour son partage ; j'espère qu'un jour
» tu éprouveras par toi-même ce bonheur, qui,
» je te l'assure, m'a rempli le cœur d'une joie et
» d'une paix inexprimables. Tu peux déjà l'entre-
» voir, quoique, pour le comprendre parfaitement,
» il faille l'avoir ressenti.

» J'ai appris avec beaucoup de joie que tu avais
» été élu préfet de cette Congrégation dont le
» doux souvenir me sera toujours cher, et à
» laquelle je suis redevable de tant de grâces.

» C'était une réflexion que je faisais avec bon-
» heur la veille de l'ordination. En reportant mes
» souvenirs vers le passé, je remarquais que la
» grâce que Dieu allait me faire devait son pre-
» mier principe à mon entrée dans cette pieuse
» association. Je suis ravi d'apprendre qu'elle est
» plus nombreuse et plus florissante que jamais.

» .   .   .   .

» .   .   .   .

» Assure, je te prie, tous les membres de la
» Congrégation, s'il en est encore quelques-uns à
» qui je ne sois pas inconnu (car voilà déjà cinq
» ans que je l'ai quittée, et cinq ans effacent bien
» des choses), que je les regarderai toujours comme
» mes confrères bien-aimés en Marie, et que je
» leur serai toujours agrégé de cœur et de prières.

» . . . .

» . . . .

» L'espace me manque pour te dire combien je
» t'aime. Mais tu le devines ; cela suffit.

  » Tout à toi.

    » E. RENAN,

     » Clerc tonsuré. »

Tels étaient les sentiments de l'abbé Renan,
lorsqu'un incident vint changer ses dispositions.

Le professeur d'hébreu étant tombé malade, il
fallut choisir, parmi les plus forts élèves, quelqu'un
qui pût momentanément le remplacer. Renan
n'avait qu'un rival. Celui-ci lui fut préféré.

Ce fait causa un violent dépit à l'orgueilleux Ernest. « On croit que je ne connais pas l'hébreu,
murmura-t-il ; je montrerai que si ! »

Renan chercha dès lors tous les moyens de quitter Saint-Sulpice sans éclat.

Une autre cause vint bientôt se joindre à la
première pour le détourner de l'apostolat.

Ses relations avec Henriette devenaient de plus

en plus fréquentes. Elle ne se bornait plus à lui parler de ses doutes ; elle essayait de les lui faire partager. Enfin, elle lui conseilla ouvertement de quitter le Séminaire, lui prédisant un plus brillant avenir, s'il se faisait l'apôtre des doctrines allemandes, que s'il restait confondu au milieu de l'humble foule des prêtres catholiques. Henriette lui fit même espérer un gain immédiat s'il voulait s'occuper de la traduction des auteurs germaniques.

Tout-à-l'heure, son amour-propre froissé l'indisposait contre le sacerdoce ; maintenant, c'est son ambition mise en jeu qui va le décider à fuir Saint-Sulpice.

Mais, en attendant, il fallait vivre. Renan comptait peu sur le produit des traductions dont lui parlait sa sœur.

Il hésitait toujours.

Cependant, l'heure approchait où il devait prendre une résolution définitive. Dans quelques semaines, on allait lui conférer le sous-diaconat, qui rive indissolublement le séminariste à l'autel.

Le moment était grave.

Il réfléchit durant plusieurs jours sur le parti auquel il lui convenait de s'arrêter, et, n'écoutant que la voix de son orgueil :

« — Faudra-t-il donc étouffer ma raison et mon cœur ? » s'écria-t-il tristement un jour devant un ami, voulant sans doute dire par-là que cette altière déesse Raison, qui désormais possédait son cœur, le détournait des autels du vrai Dieu, à la grandeur, aux prodiges duquel il ne voulait plus croire.

M. Dupanloup ayant entendu parler des hésitations du jeune abbé, voulut voir si ces bruits étaient fondés.

Il manda Renan dans son cabinet.

Après quelques instants d'une conversation intime, il reconnut vite que son protégé avait perdu la foi.

— Vous doutez, mon ami, lui dit-il ; pourquoi donc vous faire prêtre avec ce ver rongeur dans l'âme ?

— Parce que je suis pauvre, Monsieur, et que c'est là mon unique ressource, répondit-il.

— Assez ! mon enfant ; attendez et priez.

Renan s'empressa de quitter le Séminaire ; néanmoins, il garda la soutane.

M. Dupanloup, qui avait eu toutes sortes de bonnes attentions pour l'abbé Renan, quand il était à Saint-Sulpice, ne l'abandonna pas lorsqu'il en fut sorti ; il s'occupa immédiatement de lui chercher un emploi qui le mît à même d'attendre quelques mois et d'examiner ce qu'il avait à faire. Le bon pasteur fit plus : il lui donna des conseils et le soutint même de sa bourse.

Il est curieux de connaître l'opinion que M. Renan a conservée de ce protecteur si dévoué.

C'est un petit esprit fort, grand admirateur de l'auteur de *la Vie de Jésus,* qui parle, avec l'autorisation du professeur anti-chrétien. Selon M. Renan, M. Dupanloup « était un homme
» brillant, un chef d'instruction (sic) remarqua-
» ble, mais il était absolu et cassant pour les
» personnes qui travaillaient avec lui ; tout était
» gaieté dans son Séminaire, car c'était un
» éveilleur d'esprit ; il était un littérateur dis-
» tingué, quoique son instruction fût médiocre ;
» en résumé (1) c'était un humaniste. »

Pour l'honneur de M. Renan, nous voulons croire que sa pensée a été traduite ici par un maladroit interprète.

L'illustre écrivain catholique obtint bientôt pour l'abbé Renan une place de préfet des études au Collége Stanislas, que dirigeait alors le Père Gratry.

L'ex-séminariste se trouvait ainsi à l'abri du besoin.

A la fin de l'année scolaire, Renan profita des vacances du Collége Stanislas pour revoir sa ville natale, où il avait laissé de bons souvenirs, et pour embrasser sa mère, qu'il n'avait pas vue depuis longtemps.

Un soir, son ancien professeur de troisième, M. Pascot, se chauffait devant l'âtre, songeant

---

(1) Apologie de M. Renan, chez Dentu, 2 feuilles in-8°, 1 fr.

aux élèves auxquels il s'était attaché et qui tour à tour l'avaient quitté.

— Où sont-ils? Que sont-ils devenus? se demandait le bon vieillard.

Tout à coup, on frappa discrètement à la porte.

Un jeune homme entra, puis, se découvrant avec embarras :

— Bonjour ! Monsieur l'abbé, dit-il d'une voix grave.

Le professeur reconnut Ernest Renan.

— « C'est toi, mon pauvre enfant, s'écria-t-il en l'apercevant. Allons ! tu ne faisais pas tant de cérémonies autrefois. Tu es donc devenu tout-à-fait Parisien ? Crois-moi, faisons toujours comme font les vrais Bretons : quand on s'aime, c'est avec les deux bras qu'on s'embrasse ! »

Et le vieillard pressa sur son cœur son ancien élève.

A l'air d'emprunt qui avait remplacé chez Ernest la cordialité d'autrefois ; au ton étrange de sa conversation, le vieux prêtre comprit, hélas ! cette douloureuse histoire qui se perpétue de siècle en siècle : il devina la chute de l'ange !

IV.

Nous avons vu Renan tel que la foi l'avait fait.
Voyons maintenant où le doute et l'orgueil l'ont
conduit.

Les vacances finies, il revint au Collége Stanislas, mais avec l'intention formelle de quitter
cet établissement, et de dépouiller la soutane à la
première occasion qui se présenterait.

On ne lui avait confié la direction des études que
provisoirement, à la prière de M. Dupanloup.
Cette situation ne pouvait durer indéfiniment.

La carrière de l'enseignement universitaire était
seule favorable aux vues ambitieuses de l'ancien

séminariste ; mais il était difficile pour lui d'arriver aux premiers emplois , n'étant encore que simple bachelier.

Préparer ses examens de licence et d'agrégation en remplissant la charge de préfet des études était matériellement impossible. Il s'en démit, et renonça du même coup au sacerdoce.

Pendant son séjour au Collége Stanislas, Renan avait su économiser quelques ressources sur ses émoluments. C'était avec cette somme qu'il devait tout d'abord pourvoir à sa subsistance ; les leçons particulières et les traductions devaient faire le reste.

Il prit pour logement une petite mansarde dans la rue de l'Epée.

C'est là qu'il s'occupa de poser les premières assises de la triste renommée qui est aujourd'hui son partage.

Enfermé avec ses livres , il endura , dit-on , d'assez grandes privations , qui se prolongèrent peu, du reste.

Trop fier pour demander des secours quand il rêvait fortune et grandeur, il attendit patiemment des jours plus favorables.

L'ancien abbé de Saint-Sulpice était d'autant plus embarrassé qu'il se trouvait alors sans protecteur.

M. Dupanloup, qui, certes, ne l'eût pas abandonné, ayant quitté la France depuis quelque

temps, avait perdu de vue son ancien protégé.
N'ayant pas été agréé comme grand-vicaire par
Mgr Affre, l'illustre orateur s'était volontairement
exilé en Italie.

Après quelques recherches, M. Renan trouva
une modeste place de répétiteur dans une pen-
sion du faubourg Saint-Jacques.

Cette occupation lui permit alors de vivre
dans une aisance relative.

Enfin, une autre circonstance vint bientôt
améliorer encore sa situation.

La famille allemande dans laquelle vivait Henriette étant venue habiter Paris, le frère et la sœur
furent à même de s'aider mutuellement.

La position de la jeune trégoroise était bril-
lante. Si nos renseignements sont exacts, sa rétri-
bution s'élevait à six mille francs par année.

Elle en abandonna la moitié à son frère.

Possesseur de cette petite fortune, Renan quitta
sa mansarde; il alla demeurer dans un hôtel garni.

Le hasard voulut qu'il habitât le même logement que Proudhon, l'auteur de ces axiômes
restés si tristement célèbres : « *Dieu, c'est le mal* ;
— *la propriété, c'est le vol.* »

On comprend que l'âme affaiblie de l'ex-sémi-
náriste s'assimila avec avidité les doctrines du
trop fameux socialiste.

Vers la même époque, il fit également la connaissance de M. Cousin.

Le chef de l'école éclectique ayant remarqué l'assiduité de Renan à ses leçons, ainsi que sa constance à prendre des notes, voulut le connaître d'une manière plus intime.

Un jour, au moment où le cours finissait, le philosophe vint frapper doucement sur l'épaule du jeune homme. Celui-ci lui montra ses cahiers et ses manuscrits ; le professeur l'encouragea et lui promit son appui en toute occasion.

Renan s'abandonna vite au courant funeste des doctrines anti-catholiques. Son cœur n'était que trop disposé à leur céder la place qu'avait jadis occupé la foi ; il était sans armes pour le bon combat.

Une seule peut-être des visites qu'il reçut alors fut de nature à lui rappeler Dieu et l'apostolat.

Un jour, au moment où il se rendait au cours, il rencontra dans la rue deux jeunes ecclésiastiques qui se donnaient le bras.

Un frisson le saisit.... il lui semble que ces jeunes gens sont des connaissances d'autrefois. Il s'approche et reconnaît Liard et Guyomar, ses deux amis de Tréguier.

Bien pénible fut leur surprise en remarquant le changement de leur ancien condisciple.

Renan les invite à le venir voir. Ceux-ci le questionnent ; ils s'étonnent de ses réponses et lui demandent la cause d'un tel désordre dans ses idées :

— Ah ! ça, vous croyez donc encore, vous autres, leur dit-il.

— Oui, nous croyons !

— Alors, soupira Renan — et son visage s'assombrit, — vous êtes bien heureux !

Les amis se séparèrent tristement.

A quelque temps de là, Liard et Guyomar, jeunes encore, quittaient la terre. L'un mourut sous-diacre à Camlez, au sein de sa famille ; l'autre maître d'études au Petit-Séminaire de Tréguier.

M. Ernest Renan fit éditer son premier travail en 1845.

A partir de cette époque, l'histoire de sa vie n'est plus en quelque sorte qu'une longue série de succès académiques, qui se termine par une nomination à la chaire d'hébreu du Collége de France. Nous le voyons en même temps s'occuper de nombreuses publications, dont la dernière est le roman malfaisant qu'il a intitulé *la Vie de Jésus.*

Son œuvre première fut l'*Histoire Générale des Langues Sémitiques,* petit volume qui devint plus tard un gros manuscrit.

Cet ouvrage attira sur lui l'attention des philologues. Il reçut même à cette occasion les encouragements de plusieurs membres de l'Institut, qui lui conseillèrent de travailler désormais en vue du prix de linguistique fondé par M. le comte de Volney.

Renan profita de ces avis.

Trois ans plus tard, l'Institut mit au concours la question traitée par le jeune écrivain dans sa précédente publication : *Etude sur les Langues Sémitiques*.

Cette coïncidence singulière était-elle l'effet du hasard ? Nous ne saurions le dire.

Renan présenta le travail le plus remarqué.

Grâce aux conseils et aux notes de son ancien professeur, M. Lehir, qui lui avait prêté ses cahiers et lui avait confidentiellement développé le plan d'un grand ouvrage, alors qu'il se trouvait à Saint-Sulpice, l'ancien séminariste obtint le prix.

A peine vit-on un sourire de satisfaction sur le visage de Renan, lorsqu'il apprit ce succès. Quant à sa mère, ce fut toute autre chose : sa joie était extrême ; elle couvrait de baisers le front de son fils.

M. de Lamennais ayant lu le mémoire couronné voulut connaître le lauréat. Là commencèrent des relations qui continuèrent jusqu'à la mort de l'auteur des *Paroles d'un Croyant*.

Cette sympathie se comprend facilement. M. de Lamennais, qui, comme M. Renan, avait renoncé au sacerdoce, était heureux d'avoir près de lui un homme dans la conduite duquel il trouvait, pour ainsi dire, la justification de la sienne.

La fréquentation du prêtre transfuge fit entrer M. Renan plus avant encore dans la voie de l'erreur.

A peine âgé de vingt-quatre ans, il avait subi

d'une manière éclatante, en 1846, les épreuves de la licence.

Ses amis l'engagèrent à se présenter au concours de l'agrégation de philosophie, lui prédisant un nouveau succès.

Il obtint, en effet, la première place (1848).

On a remarqué que c'est un des plus jeunes candidats à l'agrégation qui en ait heureusement subi les épreuves.

Dans la même année, l'Académie des Inscriptions et Belles-Lettres mit au concours la question suivante : *Histoire de l'Etude de la Langue Grecque dans l'Occident de l'Europe, depuis la fin du Ve siècle jusqu'à la fin du XIVe.*

Renan présenta une étude complète. Son mémoire avait pour épigraphe ce vers d'Ovide :

« *Emandaturus si licuisset eram.....* »

Dans sa séance du vendredi 1er septembre 1848, l'Académie, présidée par M. Burnouf, le couronna une seconde fois.

A cette occasion, un journal de Saint-Brieuc, *le Publicateur des Côtes-du-Nord*, publia les lignes suivantes, dans lesquelles il annonçait, pour ainsi dire, le bruit que ferait un jour l'écrivain :

« La glorieuse distinction dont M. Renan s'est
» rendu digne l'oblige à de nouveaux succès, et
» nous sommes sûrs que le jeune savant breton ne
» s'arrêtera pas en si beau chemin. Il voudra
» devenir une des illustrations de notre grande et

» noble Bretagne. La véritable noblesse aujour-
» d'hui est celle de la science ; et l'on ne dit
» plus : « Noblesse oblige ! » mais bien : « Science
» oblige ! »   CH. LE MAOUT.

Il est fâcheux que M. Renan ne se soit pas arrêté
avant *la Vie de Jésus,* qui n'est point une œuvre de
science, mais d'impiété.

L'Académie voulut encourager M. Renan d'une
manière toute spéciale : elle le chargea d'une mission littéraire en Italie. Il y resta neuf mois, et
profita de ce voyage pour fouiller les bibliothèques
et recueillir de nombreux documents sur le philosophe Averroès.

C'est également dans cette excursion qu'il prit
des notes pour la rédaction des deux chapitres de
ses *Essais de Morale et de Critique* intitulés : *Le
Parti Guelfe dans l'Italie contemporaine* et *les Révolutions d'Italie.*

De retour à Paris, il s'occupa de la question
mise au concours de 1850. Il fut couronné une
troisième fois pour un savant mémoire sur l'*Etude
de la Langue Grecque au Moyen-Age.*

Pendant ces dernières années, Renan ne s'était
pas borné à briguer le laurier académique. Ses
prix à l'Institut, son diplôme d'agrégé lui avaient
fait ouvrir les colonnes de plusieurs feuilles dont
les doctrines se rapprochaient de la sienne.

De 1848 à 1850, nous le trouvons écrivant tour
à tour dans *la Liberté de Penser, la Revue des Deux-*

Mondes, le *Journal de l'Instruction Publique*, le *Journal des Débats*.

En collaborant dans *la Liberté de Penser*, il se lia particulièrement avec Jules Simon, l'auteur rationaliste du *Devoir*, avec Cabet, le grand-prêtre du communisme et le promoteur de la malheureuse émigration icarienne, à laquelle Renan faillit prendre part.

C'est dans *la Liberté de Penser* qu'il écrivit ces énormités, plus odieuses peut-être que tout ce qu'il a inséré dans *la Vie de Jésus* :

« Quant au Galiléen qui a porté le nom de
» Jésus, je ne le connais pas.... Et que nous im-
» porte tel *petit fait* arrivé en Palestine il y a dix-
» huit cents ans ?... » (1)

« Dieu, Providence, âme, immortalité, autant
» de bons vieux mots, lourds et matériels.... » (2)

Il y avait cinq ans à peine que M. Renan avait cessé de manger le pain de l'Eglise, lorsqu'il commettait contre elle d'aussi sanglants outrages !

Quand ses concitoyens, qui l'avaient connu pieux et croyant, le virent tombé si bas, ils crurent plutôt à l'aliénation de son esprit qu'à la disparition totale de sa foi.

C'était de la charité !

(1) *Liberté de Penser*, 1849.

(2) Idem, 1850.

Cependant, malgré ses succès, M. Renan n'avait point encore obtenu de position stable.

Il n'attendit pas longtemps. En avril 1851, le gouvernement le désigna pour remplir des fonctions importantes à la Bibliothèque Impériale. Il fut attaché à la section des manuscrits.

Il profita des loisirs que son emploi lui laissait pour préparer son doctorat, ainsi que pour revoir et livrer à l'impression divers travaux antérieurement composés.

En 1853, il publia ses notes sur Averroès sous ce titre : *Averroès et l'Averroïsme, essai historique.*

Il faisait paraître en même temps un opuscule philosophique écrit en latin : *De Philosophiâ Peripatetica apud Syros.*

Ces œuvres lui frayèrent la route de l'Institut.

La mort du célèbre historien Augustin Thierry laissa, le 22 mai 1856, un fauteuil vacant à l'Académie. Renan se mit sur les rangs.

Il avait pour rivaux MM. L. Renier, L. Delisle et Mary.

Le fauteuil fut assez vivement disputé. Au premier tour de scrutin, Renan obtint quinze voix ; au second vingt. M. Renier, son plus redoutable concurrent, en avait obtenu quatorze.

L'Académie des Inscriptions et Belles-Lettres proclama, dans sa séance du 5 décembre, l'élection d'Ernest Renan.

Quelque temps après cette élection, M. Renan fut chargé par l'Académie de continuer l'*Histoire Littéraire de la France*, en collaboration avec M. Daunou.

Si l'épreuve était à recommencer, l'auteur de *la Vie de Jésus* n'en sortirait pas, sans doute, avec le même succès, car la plupart de ses collégues sont loin d'approuver ses doctrines.

Dernièrement, dans un grand salon littéraire de la capitale, un des apologistes les plus fervents de M. Renan faisait sonner bien haut son titre de membre de l'Institut.

— C'est un membre, mais un membre à retrancher, répondit spirituellement un Académicien, M. D..., dont la discrétion nous force à taire le nom.

Plusieurs autres de ses collègues n'hésitèrent pas à manifester la même opinion.

Non content de son fauteuil, M. Renan ambitionna la chaire de langue hébraïque, chaldaïque et syriaque, devenue vacante, le 18 septembre 1857, par la mort de M. Etienne Quatremère. Cette tentative était prématurée : elle ne réussit pas. L'écrivain fit en vain ses visites aux professeurs, ses collégues.... en espérance. Le Ministre de l'Instruction publique ne demanda même pas ce qu'on appelle en langage universitaire « les présentations, » c'est-à-dire, l'indication des candidats proposés par les membres du Collége de France et de l'Institut : il se borna à nommer un chargé de cours.

Pour se consoler de cet échec, l'hébraïste-philosophe s'occupa de réviser les articles qu'il avait antérieurement publiés dans diverses feuilles.

Il fit paraître un volume intitulé : *Etudes d'Histoire Religieuse*. C'est un choix de sujets séparés. L'un de ces chapitres, ayant pour titre : *Les Historiens Critiques de la Vie de Jésus*, contenait en germe la thèse du roman anti-chrétien que l'on connaît.

On y lit, entre autres indignités témoignant de l'orgueilleux pédantisme de l'apostat :

« Dieu est la catégorie de l'idéal. »

« Le mot Dieu, » dit-il encore, « ne doit pas être abandonné ; ce mot a une longue prescription ; il a été employé dans les belles poésies. » Il faut donc le garder, « pour ne pas renverser toutes les habitudes du langage. » (1)

Henriette rédigea en grande partie les notices du même ouvrage, sur Jean Calvin et Feuerbach, le fondateur de l'école hégélienne.

Ce livre a obtenu un succès assez considérable, commercialement parlant. L'auteur l'a fait précéder d'une *Préface sur le rôle et le caractère de la Critique moderne*.

En 1858, il mit au jour une seconde édition de *l'Histoire Générale et Systèmes comparés des Langues*

(1) *Etudes d'Histoire Religieuse*, p. 419.

Sémitiques, étude qu'il avait, plusieurs années auparavant, présentée à l'Institut, et pour laquelle il avait obtenu le prix Volney.

Renan se souvint alors du vieux professeur qui l'avait si puissamment aidé de sa science. En publiant cet ouvrage, il adressa au savant abbé Lehir une lettre dans laquelle il le priait de vouloir bien en accepter la dédicace.

« Un abîme nous sépare, » écrivait-il. « Je ne
» puis publiquement vous dédier ce livre dans une
» préface imprimée ; mais, soyez certain que je
» vous sais gré de vos excellents conseils. Permet-
» tez-moi de me rappeler à vos bons souvenirs. »

Le Journal de l'Instruction publique, parlant de cette deuxième édition de l'*Histoire des Langues Sémitiques*, dit qu'il faut reprocher « au jeune
» érudit, dont les connaissances variées et l'habi-
» leté de style sont incontestables, la témérité de
» ses vues et en même temps le vague de ses con-
» clusions. »

En 1859, Renan publia, sous le titre d'*Essais de Morale et de Critique*, une seconde série d'articles déjà parus.

Il y a là encore d'odieuses attaques contre l'Église. On y lit, par exemple, à propos de Rome, ces lignes que les plus furieux ennemis du catholicisme ne désavoueraient pas.

« Pour moi, je ne puis envisager sans terreur
» le jour où la vie pénétrerait de nouveau ce

» sublime tas de décombres. Je ne puis concevoir
» Rome que telle qu'elle est, musée de toutes les
» grandeurs déchues, rendez-vous de tous les
» meurtriers de ce monde, souverains détrônés,
» politiques déçus, penseurs sceptiques, malades
» et dégoûtés de toute espèce, et si jamais le
» fatal niveau de la banalité moderne menaçait
» de percer cette masse compacte de ruines
» sacrées, je voudrais qu'on payât des prêtres
» et des moines pour les conserver, pour main-
» tenir au-dedans la tristesse et la misère, à l'en-
» tour la fièvre et le désert. »

Les chapitres qui ont pour objet M. Cousin et
M. de Lamennais sont d'autant plus curieux que
l'auteur avait pendant longtemps, comme nous
l'avons dit, fréquenté intimement ces deux écrivains.

Voici l'un des fragments les plus intéressants
qui se rapportent à l'ermite de la Chênaie :

« J'aurais voulu, continue M. Renan, qu'en
» restant penseur et poète, il eût cessé de s'oc-
» cuper du monde et de ses révolutions; que,
» tout en conservant un généreux espoir dans
» les destinées de l'humanité, il eût pris sa
» retraite du siècle, qui n'avait point voulu en-
» tendre ses propositions de salut ; dégagé alors
» de tout devoir envers l'espèce humaine, il eût
» continué ses libres promenades dans le monde
» de l'esprit, réservant pour l'art seul sa ma-

» turité riche d'expérience et de désillusion.
» Lamennais n'eut point cette abnégation, ou
» plutôt cet égoïsme. »

Nous croyons pouvoir assurer que c'est de
sa sœur Henriette que M. Renan tient les « *Sou-*
venirs d'un vieux Professeur allemand. »

En 1860, Renan mit au jour deux nouveaux ouvrages : *Le Cantique des Cantiques* et *le Livre de
Job*, traduits de l'hébreu, en prose rhythmée, avec
une étude sur le plan, l'âge et le caractère du
poème.

Ces publications valurent à l'ancien séminariste deux virulentes apostrophes de MM. Crel-
lier et Meignan : *Le Livre de Job et le Cantique
des Cantiques vengés des interprétations sacriléges et
impies de M. E. Renan* ; — *Le Cantique des Cantiques et M. Renan.*

En décembre 1860, M. Renan fut nommé cheva-
liér de la Légion-d'Honneur.

A la suite de ses travaux, il fut chargé person-
nellement par l'Empereur, qui voulut le voir,
d'une mission scientifique en Orient.

Le but principal et officiel de ce voyage était de
fouiller le sol antique de la Syrie et de la Phénicie.
Il en profita pour interroger les traditions et les
monuments de la Galilée. Bien avant cette excursion, l'écrivain songeait à *la Vie de Jésus.*

Il ne partit pas seul. Sa femme et sa sœur,
qui depuis longtemps éprouvaient le désir de

visiter ces contrées historiques, voulurent l'accompagner. Bien qu'il redoutât pour elles les périls du voyage, il consentit cependant à les emmener. Un de ses amis, M. Gaillardois, le suivait également.

Outre sa femme, sa sœur et son ami, M. Renan avait encore avec lui tout un personnel scientifique. Parmi les artistes qui le secondaient, nous citerons MM. Thobois, architecte-dessinateur, Locroy, peintre-photographe, et un mosaïste de Rome.

A peine fut-il arrivé en Syrie, que la guerre civile éclata entre les Druses et les Maronites. Bientôt, sous la protection de quelques détachements français (car nos troupes, on se le rappelle, étaient allées porter secours aux malheureuses victimes de Deir-el-Keimar), il put commencer des fouilles.

Il inaugura ses travaux par l'inspection de la ville de Gebeil, l'ancienne Byblos, « qui compte trois mille ans d'histoire. » Il n'y trouva « qu'une antiquité émiettée. »

M. Renan quitta Byblos pour explorer la côte phénicienne et la chaîne du Liban. Il visita successivement la ville de Maskana, « pleine encore des souvenirs d'un monde héroïque et d'une humanité colossale ; » le port d'Anéfé, « ceint de grottes et de piscines ; » le village de Semar-Gebeil, où il retrouva sous les remparts d'un château du Moyen-

Age les ruines d'un temple de Saturne ; enfin, les superbes chaînes du Liban, « dont chaque sommet est couronné d'une chapelle catholique élevée avec les débris d'un temple païen. »

De Gebeil, l'explorateur alla trouver Saïda, l'ancienne Sidon. Il eut le bonheur de découvrir, au milieu des mille et mille cavernes qui se trouvent autour de la ville, celle d'Apollon, qui renfermait le célèbre cercueil d'Eschumnazar. Peu de temps auparavant, la même caverne avait été visitée par une célébrité britannique, Lady Stanhope.

Tyr fut plus tard l'objet de ses investigations. Sur l'emplacement où s'éleva jadis une des cités-reines de la Phénicie, il n'aperçut que des fûts de colonnes, un aqueduc et une basilique chrétienne.

Il visita ensuite les villages circonvoisins : Kabr-Iram, d'où il enleva une précieuse mosaïque, admirable de dessin, de couleur et d'agencement, aujourd'hui déposée au Louvre, Musée Napoléon III ; — Oum-el-Awid, et sa forêt de colonnes brisées ; — Adloun, et sa nécropole païenne, aujourd'hui couverte de peintures religieuses ; — Aïn-Iblid, et ses bas-reliefs de Baal-Soleil et Astarté-Lune.

Puis M. Renan s'embarqua pour l'île d'Arvad (l'Aradus des Grecs), située à une heure du continent. Il y commença ses explorations par la ville de Tortose (l'antique Antaradus) ; dans les ruines de cette cité, il trouva un très grand nombre d'objets curieux, entre autres, une statuette de Psanmétichus, roi d'Egypte.

Un moment, le peuple de Tortose, intimidé par les gens du *Bazar*, espèces de sans-culottes turcs qui gouvernent par la terreur, voulut s'opposer à ses recherches dans les jardins ; mais, devant l'énergie déployée par les Français, la mauvaise volonté des habitants fut forcée de céder.

Après avoir fouillé la plaine de Tortose, si fertile en sarcophages, M. Renan et sa suite allèrent camper sur les rives du Mahr-Amrit. Il faillit y perdre l'un de ses amis, M. Gaillardois.

Dans les villages environnants, l'explorateur découvrit plusieurs monuments très curieux : El-Maabed ou le Temple, assez semblable pour la forme à l'arche des Hébreux ; — El-Meghazil ou les Fuseaux, pyramides funéraires peut-être contemporaines de Job ; — Burdj-el-Bezzah, ou la Tour-du-Limaçon, énorme mausolée certainement antérieur à Alexandre ; — El-Meklâa ou la Carrière, immense stade phénicien, d'une belle conservation.

M. Renan se dirigea encore vers les bouches de l'Oronte, en Cœlésyrie ; il y trouva, comme il l'avait présumé, des monuments et des inscriptions grecques : ici, c'était un cénotaphe élevé à l'empe_ reur Claude « sur les revenus du grand dieu Adonis » ; là, des inscriptions de trois à quatre décimètres de hauteur, en l'honneur d'Adrien.

Un peu plus loin, le membre de l'Institut faillit
être victime de son imprudence. La curieuse grotte
d'Ayoub, creusée dans un rocher à pic, sur les
bords de l'Adonis, est très dangereuse à visiter : on
n'y peut descendre qu'en s'aidant des arbustes
suspendus au-dessus du fleuve. Oubliant les conseils de ses guides, M. Renan se retenait indistinc-
tement à tout ce qui lui tombait sous la main ; à
un certain moment, un végétal auquel il s'appuyait
se rompit ; il n'eut que le temps d'en saisir un
autre pour ne pas tomber dans l'abîme.

Après s'être remis de l'émotion causée par un
si grand danger, il examina les cavernes sépul-
crales de Son Excellence le Patriarche des Maronites.

Amené par l'objet de sa mission, et aussi un peu
sans doute par ses désirs particuliers, sur les fron-
tières de la Palestine, il entreprit de parcourir en
tous sens la province évangélique. Il visita d'abord
Sébaste (la Samarie des Écritures) et Néapolis
(l'ancienne Sichem). Jérusalem ne lui offrit que des
tombeaux : tombeaux des juges et des rois ; tombeaux de la vallée d'Hinnon et de Josaphat.

De Jérusalem, il se rendit aux lieux témoins de
la vie du Christ : Bethléem, « la bourgade sacrée, »
Nazareth, le lac de Tibériade, Cana, Capharnaüm,
se présentèrent tour à tour à ses regards.

La vue de ces sites, pleins encore des souvenirs
de la sublime passion du Christ, — le mont Tha-

bor, le bois des Oliviers, le Calvaire, — le laissè-
rent glacé.

Interrogeant les ruines des monuments et les
traditions des peuples, il cherchait Jésus, non dans
les divines Ecritures, mais dans les livres des Juifs,
ses bourreaux. Il s'arrêtait dans chaque endroit
célèbre par un miracle ou une prédication ; là,
assis à l'ombre d'un palmier, il évoquait la divine
figure du Christ ; mais, rebelle à toute pensée de
foi, inaccessible seulement aux petits calculs de
l'incrédulité , il ne sut trouver qu'un « homme
incomparable, » là où l'univers entier, depuis dix-
huit siècles, adore un Dieu.

Cependant, on approchait d'août et de ses suffo-
cantes chaleurs ; les plus impérieuses lois sani-
taires commandaient de ne pas s'exposer plus longtemps aux brûlants rayons du soleil.

L'explorateur, avide de repos et d'ombre, se
retira dans la montagne. Le pittoresque village de
Ghazir, situé sur le versant du Liban, fut le séjour
qu'il choisit. La cabane d'un chef maronite lui
prêta son abri. Ce fût là, qu'aidé de sa sœur Henriette, il ébaucha l'œuvre anti-chrétienne qui devait
émouvoir si péniblement la France.

Durant le cours de ce voyage, il reçut une bien-
veillante communication de Son Excellence le Ministre de l'Instruction publique, qui l'autorisait
à prétendre, lors de sa rentrée à Paris, à une
chaire du Collége de France. M. Renan répondit

qu'il n'accepterait jamais que la chaire d'hébreu.

Bientôt il songea au départ.

Avant son retour dans la patrie, un grand malheur devait le frapper.

Le 23 septembre, M. Renan fut informé à Ghazir que le vaisseau *le Caton*, attaché momentanément à sa mission, serait mis à sa disposition le lendemain pour le ramener en France. Il descendit donc le Liban et s'arrêta au village d'Amschit. Ce lieu est très insalubre; il y souffle parfois un vent mortel aux étrangers. Le vaisseau attendu n'arrivait pas. M. Renan et sa sœur, mal abrités, furent atteints en même temps d'une fièvre pernicieuse.

Amschit est à huit lieues de Beyrouth, la seule ville où il fût possible de trouver des médecins. On y dépêcha vite *le Caton,* qui venait de prendre terre ; mais la science ne put rien contre les ravages du mal auquel Mlle Renan était en proie ; elle succomba le 24 septembre.

M. Renan, grâce à la force de son tempérament, qui put supporter de puissants fébrifuges, résista aux atteintes de la contagion. Lorsque sa sœur expira, il était évanoui ; sa léthargie dura quatre jours entiers. Quand il se réveilla, sa sœur était au cercueil. Sa douleur fut indescriptible. Il voulut visiter la tombe où reposait Henriette. Là, il fut pris d'un doute horrible : il avait l'idée fixe qu'elle n'était point

morte : — « Oh! vous l'avez enterrée trop tôt !
» s'écriait-il. Elle dormait peut-être comme moi ;
» elle dort peut-être encore ! »

La scène était affreuse. On se hâta d'arracher
M. Renan à ce lieu de douleur. Dès qu'il fut
en état de supporter le grand air, on le trans-
porta à bord du *Caton*, qui le ramena à Beyrouth, où, grâce aux soins d'habiles médecins,
sa santé ne tarda pas à se rétablir.

Ce fut un coup terrible pour la pauvre mère,
quand elle apprit à Paris la fatale nouvelle. Dans
la lettre qu'on va lire, elle fait part à une de
ses amies du malheur qui vient de la frapper :

« . . . .
» . . . .

» Hélas ! mon Dieu, je ne savais pas alors le
» malheur qui devait m'arriver. J'ai perdu ma
» pauvre fille en Syrie, où elle a accompagné
» son frère, qui a aussi pensé mourir. C'est à
» la force de son tempérament, qui a pu ré-
» sister aux remèdes, qu'il doit son rétablisse-
» ment. Ce n'est qu'alors qu'il a appris la mort
» de sa pauvre sœur ; il a été quatre jours sans
» connaissance. Quand il est arrivé, il faisait
» pitié. Il se disposait à s'en retourner ; tout
» était prêt ; on n'attendait plus que le navire
» de l'Etat qui a eu du retard, et c'est ce mal-
» heureux retard qui a causé la mort de ma
» pauvre fille. Comment jamais me consoler

» d'une si grande perte ! Mon fils et sa femme
» font tous leurs efforts ; je suis entourée de
» soins et d'affection ; mais ma pauvre fille
» me manquera toujours.

» Vve RENAN. »

Mlle Renan a été également regrettée dans le monde littéraire, où l'on s'accordait à lui reconnaître quelque mérite. Elle a écrit dans plusieurs revues sous deux pseudonymes, notamment sous celui de Mlle du Guindy.

Comme son frère, elle avait de grandes aptitudes philologiques ; elle s'était surtout livrée à l'étude des langues dérivant du latin et du tudesque.

En regagnant la France, M. Renan avait l'intention de toucher à l'île de Chypre : c'est là que devait s'accomplir la dernière partie de sa mission.

Mais la mort d'Henriette, qui l'avait profondément abattu, changea ses desseins.

Pressé de quitter la terre étrangère, où il séjournait depuis un an, il se hâta de rentrer à Paris.

Il arriva le 24 octobre au milieu de sa famille éplorée.

On sait qu'un célèbre archéologue, M. Melchior de Vogué, auquel s'est joint par la suite un savant anglais, se chargea de continuer son œuvre.

A peine de retour, M. Renan, en même temps qu'il écrivait les dernières pages de la *Vie de Jésus*, s'occupait de sa candidature à la chaire d'hébreu.

Dans la séance du 20 mars, il annonça officiellement à ses collégues qu'il se proposait à leurs suffrages pour la chaire vacante.

Il avait deux rivaux, MM. E. Latouche et J. Oppert.

L'Académie des Inscriptions et Belles-Lettres désigna à la majorité absolue des suffrages M. Ernest Renan comme premier candidat.

L'assemblée des professeurs du Collége de France appuya également sa candidature.

Sa nomination fut ratifiée par un décret en date du 11 janvier 1862.

Les cours devaient s'ouvrir dans le courant de février.

M. Renan s'occupa de préparer sa leçon d'ouverture : elle promettait d'être bruyante.

Le professeur se fit entendre dans la plus grande salle du Collége, disponible à ce moment. Il espérait ainsi sans doute ajouter de l'éclat à sa première leçon ; M. Renan ne fit qu'augmenter le tumulte qui devait s'y produire.

Dès la veille, la séance s'annonçait comme devant être si orageuse, que le préfet de police prit à l'avance des mesures de sûreté.

Ce qu'on avait craint se réalisa.

Dès les premières paroles, l'orateur fut accueilli
par un bruit confus de sifflets et d'applaudisse-
ments. L'auditoire, qui se contenait à peine, n'attendait qu'une occasion pour éclater. M. Renan la
lui offrit.

Appelé à parler des origines du Christianisme, il
osa formuler une phrase dans laquelle il niait la
divinité de Jésus-Christ, tout en le qualifiant
« d'homme incomparable. » A ces paroles, les auditeurs catholiques, déjà surexcités par quelques
propos outrageants au Sauveur des hommes, tré-
pignent, sifflent, crient, tandis que les renanistes, applaudissant des mains, des pieds, de la
voix, font de leur côté un grand fracas.

M. Renan attend que le bruit cesse ; puis il aver-
tit le public que si le silence ne se rétablit pas, il va
se voir forcé d'interrompre la leçon ; enfin, il prie
ses amis de ne plus applaudir, espérant que seul
le bruit des sifflets ne sera pas assez fort pour
l'empêcher de se faire entendre.

Les catholiques, voyant leurs adversaires
s'abstenir de toute manifestation, s'en abstin-
rent eux-mêmes, et M. Renan put continuer
son discours au milieu d'un auditoire vivement
impressionné. La foule des assistants se dis-
persa, les uns criant : « Vive Renan ! » les
autres : « A bas Renan ! »

La lecture terminée, le temps se trouvant
pluvieux, M. Renan, au lieu de rentrer chez lui,

resta au Collége de France avec ses collégues.
Un groupe d'étudiants, le croyant de retour et voulant le féliciter, allèrent frapper à sa porte. Ne
le trouvant point, ils firent à la mère l'ovation
destinée au fils. Si la pieuse Bretonne eût compris la signification de tout ce tapage, quel chagrin
n'eût-elle pas éprouvé !...

Quelques jours après, M. Renan publiait ce
qu'une juste réprobation avait empêché d'entendre : son discours d'ouverture parut sous ce
titre : *De la Part des Peuples Sémitiques dans
l'Histoire de la Civilisation.*

Le désordre causé par ses paroles porta les
fruits que l'on devait en attendre.

Le 27 février 1862, le Ministre de l'Instruction
publique, « considérant que les doctrines exposées
» par M. Renan blessaient les croyances chré-
» tiennes et pouvaient entraîner des agitations
» regrettables, » prit un arrêté qui suspendait
jusqu'à nouvel ordre le cours du professeur.

Pour se disculper, M. Renan publia une brochure intitulée *la Chaire d'Hébreu au Collége de
France* ; il la dédia à ses collégues.

Dans cet opuscule, prétendant que ce Collége
est un établissement scientifique et non dogma-
tique, qui ne doit pas être plus favorable au Catholicisme qu'au Protestantisme et au Judaïsme, l'auteur soutenait qu'il pouvait parler des origines du
Christianisme en dehors de toute formule surna-

turelle, et qu'il était en droit de nier les miracles
de la divinité de Jésus-Christ.

M. Renan oubliait un motif capital : le Catholicisme étant la religion de la majorité des Français,
a quelque droit, ce nous semble, d'être respecté
dans une chaire publique, subventionnée par la
nation.

Nous extrayons de la brochure citée plus haut
le passage suivant ; M. Renan y parle de la vie
avec une amertume qui se comprend parfaitement
chez un homme qui, ayant renié la foi chrétienne,
se trouve fatalement privé des divines espérances
qui consolent dans les plus grandes adversités. En
vain le naufragé de la pensée semble vouloir se
rattacher à « *la foi, à la réalité supérieure d'un monde
idéal* » qu'il ne définit pas ; on sent qu'une sombre
tristesse est au fond de cette âme incroyante toute
remplie du *moi* superbe de l'égoïsme. Ecoutez-le :

« J'ai vu la mort de très près. J'ai perdu le goût
» de ces jeux frivoles où l'on peut prendre plaisir
» quand on n'a pas encore souffert. Les soucis
» de pygmées dans lesquels s'use la vie n'ont
» plus beaucoup de sens pour moi. J'ai au con-
» traire rapporté du seuil de l'infini une foi plus
» vive que jamais dans la réalité supérieure du
» monde idéal. C'est lui qui est, et le monde
» physique qui paraît être. Fort de cette convic-
» tion, j'attends l'avenir avec calme. La conscience
» de bien faire suffit à mon repos, Dieu m'ayant

» donné pour tout ce qui est étranger à ma vie
» morale une parfaite indifférence. Vouloir m'ar-
» rêter est puéril. Je puis dire avec un de nos
» anciens collégues : « Ce que dix d'entre vous
» ne veulent pas entendre, demain dix mille le
» liront. »

Si son cours est suspendu, M. Renan n'est pas
destitué ; il est toujours en possession du titre de
professeur de langue hébraïque, chaldaïque et
syriaque ; il jouit de toutes les prérogatives hono-
rifiques, ainsi que des bénéfices pécuniaires atta-
chés à ses fonctions.

Lors de l'interruption de ses leçons, on lui
en fit espérer la reprise dans un avenir plus ou
moins prochain. Plusieurs fois, depuis cette époque,
on a essayé de le réintégrer dans sa chaire ; mais
de hautes raisons d'ordre public s'y sont, jusqu'à
présent, formellement opposées.

Après la publication de son malheureux roman
sur *Jésus*, il ne nous paraît pas supposable que
M. Renan puisse désormais songer à remonter
dans la chaire du Collége de France.

V.

La Vie de Jésus. — Sensation produite par cet ouvrage dans le monde catholique. — Extraits des Mandements de NN. SS. Cousseau, évêque d'Angoulême, Plantier, évêque de Nîmes, Desprez, archevêque de Toulouse. — Les contradictions de M. Renan relevées par M. Poujoulat. — Opinion de M. Lasserre sur *la Vie de Jésus* et son auteur. — Comment elle est jugée par M. Vaurigaud, pasteur protestant. — Un mot de M. Barbey d'Aurevilly sur le même ouvrage. — *La Vie de Jésus* au quartier Latin. — Accueil fait à ce livre en Italie, en Allemagne, en Espagne, en Angleterre, en Autriche, en Belgique.

La dernière publication de M. Renan est *la Vie de Jésus*, autour de laquelle tant de bruit s'est fait.

Nous l'avons dit, cette œuvre est éclose dans une cabane de Maronite, sur le Liban, près de Ghazir, avec la collaboration de Mlle Henriette Renan, qui s'occupait surtout des descriptions.

Quelle pensée a fait naître ce livre ?

C'est d'abord l'orgueil blessé ; c'est ensuite un désir immodéré d'acquérir la célébrité, peut-être la fortune. Semblable à l'incendiaire Éros-

trate, M. Renan a voulu détruire le Christianisme, afin que son nom ne fût pas oublié.

L'œuvre dont nous parlons n'est pas le fruit
d'un moment de transport. L'écrivain flegmatique
qui l'a signée ne sait pas s'émouvoir ; il ne sait
que calculer.

Dans les *Études d'Histoire Religieuse*, M. Renan
n'avait pas produit autant de fracas qu'il l'espérait. Cette fois, pour mieux réussir, il s'est
fait le champion de l'incrédulité la plus tranchée, il
s'est attaqué à la personne divine du Christ lui-
même, se disant que la religion de paix, d'amour
et de charité avait assez vécu !

Quoi ! c'est quand le Christianisme possède
des Félix et des Gratry pour apôtres, des Dupanloup et des Plantier pour évêques, que vous
le croyez sur son déclin ; c'est quand des milliers
de missionnaires vont, loin de la patrie, s'offrir en
holocauste à la foi chrétienne ; quand des sœurs
de charité, s'arrachant aux joies de la famille, se
sacrifient à l'humanité ; quand des centaines de
jeunes gens s'en vont porter l'offrande de leur
sang, de leur fortune aux pieds du Souverain-
Pontife, que vous voudriez voir dans notre religion un vieillard aux forces épuisées !

Non, M. Renan ne peut sérieusement penser
qu'il en puisse être ainsi ; mais, dans sa perspi-
cacité digne de l'homme d'affaires le plus retors,
il a compris que la question religieuse était la

grande préoccupation de l'époque ; qu'il y avait là une mine d'or à exploiter ; — et la *Vie de Jésus* a été imprimée.

Le bruit produit par l'apparition des *Misérables* n'est plus qu'un bruit de grelots auprès de la tempête soulevée par cet ouvrage.

Il faut remonter jusqu'à la publication des *Paroles d'un Croyant* pour retrouver dans le monde religieux une émotion semblable à celle que ce livre a causée.

De tous les rangs de la société sont parties d'énergiques protestations.

Le monde catholique tout entier s'est senti blessé dans la personne divine de son Sauveur. Chacun a mis au service de la sainte cause les armes que lui avait départies la Providence : prêtres, légistes, écrivains, ouvriers, tous ont voulu concourir à la défense.

Quelques-unes des énormités dont le roman de M. Renan est rempli feront juger de l'esprit sacrilége qui l'a inspiré.

Suivant l'auteur de la prétendue *Vie de Jésus* qui nous occupe :

L'Évangile est « une gnose obscure, » — « une » métaphysique contournée, » — « un recueil de » biographies légendaires, » — « un récit morne » et pâle, » — plein « de tirades prétentieuses, » lourdes et mal écrites ; »

Jésus , — un fils « en révolte contre l'auto-
» rité paternelle ; » — un « jeune villageois qui
» voit tout à travers le prisme de sa naïveté ; »
— un homme à qui « Marie de Béthanie plaisait
» par sa langueur ; » — qui « eut ses saintes Claire
» et ses Françoise de Chantal ; » — enfin, un de-
mi-savant qui, quoique étranger à toute connaissance physique , « sans aucune idée de la
» puissance humaine , sans aucune notion de
» l'âme séparée du corps, » n'était point pourtant ce qu'on appelle « un ignorant. »

Les disciples de Jésus, — « une troupe gaie
» et vagabonde, » — « une bande de joyeux en-
» fants, » — un cercle « de jeunes gens cherchant
» l'inconnu, » jeunes gens « dont l'esprit était
» faible et l'ignorance extrême, mais dont le
» cœur débordait. »

« Le pauvre Judas, » — un maladroit plutôt
qu'un méchant, « qui, peut-être retiré dans son
» champ d'Akeldama, y mena » après son crime
« une vie douce et obscure, » et « dont la mort
» est une bonne circonstance pour son senti-
» ment moral. »

Le Christianisme, — « une religion qui a
» beaucoup contribué à affaiblir les sentiments
» des devoirs du citoyen. »

Telles sont, très-abrégées, les audacieuses assertions de l'ex-abbé devenu libre penseur.

L'Eglise a d'abord fait entendre sa voix souveraine : elle a condamné comme elle le devait l'œuvre blasphématoire.

NN. SS. Plantier, évêque de Nîmes, Desprez, archevêque de Toulouse, et plusieurs autres, ont ordonné qu'on récitât des prières publiques, ainsi qu'on le faisait aux temps antiques, pour conjurer les effets de la colère divine, excitée par quelque grande faute contre la foi catholique.

Mgr O'Cruice, évêque de Marseille, a voulu marquer d'une manière plus éclatante la douleur de la chrétienté : il a ordonné « qu'en réparation de tous les outrages commis contre Notre-Seigneur Jésus-Christ, on sonnât le glas tous les vendredis, à trois heures de l'après midi, pendant trois minutes, dans toutes les églises du diocèse de Marseille. »

La *Vie de Jésus* et son auteur ont été justement caractérisés par l'épiscopat.

Mgr Cousseau, évêque d'Angoulême, les stigmatise en ces termes :

« Cette prétendue *Vie de Jésus,* c'est le baiser de Judas répété cent fois, entremêlé de génuflexions dérisoires et de la plus sanglante flagellation. Car ce Jésus, ce grand homme, le plus grand des hommes, s'il faut en croire l'auteur, c'est en même temps une espèce de fou et de vil imposteur. Ah! du moins, le Judas de l'Evangile ne s'est pas mêlé aux bourreaux du Sauveur. Sa trahison consommée, il a disparu, puis, égaré par un mauvais repentir, il s'est pendu de désespoir !.... »

M. Renan a récusé fort cavalièrement l'authenticité des miracles, aucun d'eux « ne s'étant » passé, » dit-il, « dans des conditions telles » qu'il puisse être observé. »

L'ironie était ici la seule réponse convenable ; Mgr l'évêque de Nîmes s'est chargé de l'appliquer :

« Au lieu d'étendre précipitamment sa main sur les flots pour les diviser, dit Mgr Plantier, Moïse aurait dû s'arrêter et dire au peuple impatient de passer : « Enfants d'Israël, vous désirez traverser la mer sans retard pour échapper aux Egyptiens qui vous pressent. Mais il m'est impossible de vous frayer le passage. Je n'ai autour de moi ni physiciens, ni chimistes, ni critiques, pour juger avec compétence le miracle que je me propose d'opérer. Il faut que je retourne en arrière pour chercher ce jury sans lequel je ne peux ni assurer votre salut ni travailler pour l'histoire. Attendez mon retour. D'ici là, Pharaon pourra vous avoir mis en pièces. Mais, n'importe, une commission m'est nécessaire, je ne peux rien faire sans elle. » Malheu-

reusement, Moïse n'a pas pris cette précaution ;
il a eu l'insigne démence de sauver son peuple
sans commission. Evidemment, le miracle est
faux. Le peuple a cru traverser la mer à pieds
secs entre les vagues partagées et suspendues ;
il s'est trompé, et le long souvenir qu'il en a
gardé pendant tant de siècles n'a été qu'un long
rêve.

» Jésus, hélas ! s'est donné le même tort.
Une foule immense, à jeun, l'avait accompagné
au désert ; il eut pitié de la faim qui la tour-
mentait et voulut la soulager par un prodige.
Au lieu de suivre sur-le-champ l'élan de son
cœur, il fallait qu'il dît à ses apôtres : « Allez
à Jérusalem ; ramassez tous les savants que
vous y rencontrerez ; avant de produire le miracle que j'ai l'intention d'accomplir, je tiens à
ce qu'ils soient là pour le juger, et, s'il y a lieu,
pour en consacrer la mémoire. Je sais que la
foule va souffrir de ce retard ; ce qu'elle ré-
clame avant tout, ce n'est pas un jury, c'est du
pain. Mais j'exige cette commission, pour que
sur son témoignage, les siècles futurs admettent
l'existence du miracle que je médite ! » Ainsi
eût parlé la prudence ; mais Jésus écouta la
bonté. Il multiplia cinq pains d'orge et cinq petits poissons, de manière à ce qu'ils fussent suf-
fisants pour nourrir une multitude considérable et
fournir encore des restes qui remplirent douze

corbeilles. Tout cela doit être faux. Pourquoi n'avait-il pas une commission ? »

Résumant brièvement les devoirs du chrétien, en présence des attaques dont l'Homme-Dieu est l'objet dans ce même livre, Mgr Desprez, archevêque de Toulouse, s'écrie éloquemment :

« Prêtres qu'il a honorés de son sacerdoce ; pères et mères dont il a consacré l'autorité ; époux chrétiens dont il a cimenté les liens ; petits enfants qu'il bénit encore tous les jours ; pauvres à qui il a promis les premières places de son royaume ; tous, tant que nous sommes, tombons à genoux, et, d'une voix unanime, répétons avec la sœur de Lazare ce grand cri de notre foi : « Je crois, Seigneur Jésus, oui, je crois que vous êtes le Christ, le fils du Dieu vivant, qui êtes venu en ce monde. » (Joann , XI).

Une des gloires modernes de la Chaire, le Père Félix, a joint son admirable voix à celles de l'épiscopat, pour combattre l'œuvre impie, réfutée par avance dans les pages immortelles du grand Lacordaire, sur la Divinité de Jésus-Christ. (Voir les *Conférences de Lyon*.)

Les noms du Père Morin de Boylesve et de l'abbé Freppel ont aussi retenti avec honneur dans l'arène de la discussion.

Le clergé n'a pas été seul à combattre les doctrines subversives de M. Renan : en tête des défenseurs laïques de la foi outragée, nous placerons M. Poujoulat.

M. Poujoulat s'est particulièrement attaché à faire palper du doigt les contradictions existant entre les assertions de l'hébraïste et le texte des saints Apôtres, qui, vivant au temps de Jésus, étaient nécessairement mieux informés que n'a pu l'être M. Renan.

Nous extrayons quelques fragments de son remarquable travail, intitulé : *Examen de la Vie de Jésus* :

M. Renan, dit-il, « place à Nazareth le berceau du Sauveur ; l'auteur oublie le 1er verset du chapitre II de Saint Matthieu : « Jésus donc » étant né à Bethléem de Juda aux jours du » roi Hérode, voilà que les mages vinrent de » l'Orient à Jérusalem . . . . »

» Il ne se souvient de ses voyages à Jérusalem, aux solennités de Pâques, que pour nous faire remarquer « la révolte » du fils de Marie « contre l'autorité paternelle. » Or, dans le même passage de Saint Luc, on lit ces mots : « Et il leur était soumis. . . . . »

« Parce que le Messie a paru à un repas de noces, M. Renan le peint dans une douce vie ; il ne s'aperçoit pas que celui qu'il présente sur la pente molle des jours faciles est le même

qui a dit : « Si vous ne faites pénitence, vous
» périrez tous de la même manière (1) . . . »

« Il faut se résoudre, dans l'intérêt de la vérité, à reproduire ce blasphème : « Jésus n'énonce
» pas un moment l'idée sacrilége qu'il soit
» Dieu. » Ouvrez l'Evangile de Saint Jean, au
chapitre VI : « Conduit chez Caïphe, Jésus se
» taisait ; le prince des prêtres lui dit : Je vous
» adjure au nom du Dieu vivant de nous dire
» si vous êtes le Christ, le fils de Dieu. — Vous
» l'avez dit, répond Jésus. . . . . »

» Quelque libre penseur qu'on puisse être,
est-il permis de dire que le fils de Marie n'a
pas « la moindre notion d'une âme séparée du
corps ?.... »

Si Jésus-Christ n'a pas « la moindre notion
» d'une âme séparée du corps, » que voulait-il
dire au bon larron, lorsque, du haut de sa croix,
il lui adressait ces mots d'une consolation divine : « Vous serez aujourd'hui avec moi dans le
Paradis. . . . . »

« Selon M. Renan, Jésus-Christ « ne se sou-
» ciait pas du jeune. » Voici les paroles du
Sauveur : « Lorsque vous jeunez, ne soyez pas
» tristes comme les hypocrites, car ils montrent
» un visage exténué, afin que leurs jeunes pa-
» raissent devant les hommes. Je vous le dis,

(1) Saint Luc, chap. XIII, 3.

» en vérité, ils ont reçu leur récompense. Mais
» vous, quand vous, jeunez, parfumez votre
» visage, afin que votre jeune ne soit pas vu
» des hommes, et votre père, qui vous voit dans
» le secret, vous le rendra. (1). . . . . »

« Selon M. Renan, le baptême n'a pour le Fils
de Marie qu'une importance secondaire. Voici
les paroles du Divin Maître : « Je vous le dis,
» en vérité, nul, s'il ne renaît de l'eau ou du
» Saint-Esprit, ne peut entrer dans le royaume
» de Dieu. (2) . . . . »

« Selon M. Renan, le Sauveur dut recommander
à ses disciples « de ne prêcher le salut qu'aux
» Juifs orthodoxes. » Voici les paroles du Sauveur : « Prêchez l'Evangile à toutes les créa-
» tures. (3) . . . . »

« Bonne foi et imposture, dit M. Renan, sont
des mots qui, dans notre conscience rigide, *s'op-
posent* comme deux termes inconciliables. En
Orient, il y a de l'un à l'autre mille fuites et mille
» détours. » Ecoutons l'auteur du livre de *l'Ecclésiastique* : « Garde-toi de tout mensonge. » (4)
Et le royal Psalmiste : « Seigneur, qui habitera
» et qui reposera sur votre montagne sainte ?...

(1) Saint Matthieu, chap. VI, 16 et suiv.

(2) Saint Jean, chap. III, 5.

(3) Saint Marc, chap. XVI, 16.

(4) Saint Marc, chap. VII, 14.

» Celui qui dit la vérité dans son cœur et dont
» la langue ne trompe point. (1). . . . . . . »

« M. Renan prend soin d'ajouter que cette
faculté (de thaumaturge) « n'avait rien qui sur-
» prît. » Montrons qu'il est ici en contradiction
avec les textes. Saint Matthieu, après avoir ra-
conté la guérison du paralytique, dit que « la
» multitude, voyant cela, fut saisie de crainte. » (2)
Après la pêche miraculeuse, Simon Pierre « était
» dans la stupeur, et tous ceux qui étaient avec
» lui (3). . . . . »

« Otez l'hospitalité orientale, » dit M. Renan,
« la propagation du Christianisme serait impos-
» sible à expliquer. » La solennité de l'affir-
mation n'empêche pas qu'elle ne soit une erreur.
Le Christianisme naissant a été prêché ailleurs
qu'en Orient ; ailleurs qu'en un pays de mœurs
hospitalières, et les succès de l'apostolat n'en ont
pas été moins merveilleux. Le Maître n'avait pas dit
à ses apôtres : N'allez que chez les peuples hos-
pitaliers ; mais : « Allez, enseignez toutes les
» nations. » Il n'avait pas dit : Ne vous pré-
sentez que là où vous pouvez espérer un bon
accueil. Il avait dit : « Voilà que je vous envoie

(1) Ps. XI, 3.

(2) Saint Jean, chap. IX, 8.

(3) Saint Luc, chap. V, 9.

» comme des brebis au milieu des loups. (1). .

» . . . .· . . . . . . »

« Selon une tradition, » dit encore M. Renan, Jésus aurait prononcé cette parole, qui fut dans son cœur sinon sur sès lèvres : « Père, pardonnez- » leur, ils ne savent ce qu'ils font. » Ceci n'est pas une vague tradition, c'est le texte même de saint Luc, chap. XXIII, verset 34 : le pardon fut sur les lèvres comme dans le cœur du divin Crucifié. Le monde a recueilli ces mots descendus de la croix : « Femme, voilà votre fils, » et ces mots adressés au disciple : « Voilà ta mère. » Aux yeux de M. Renan, « la hauteur extrême du caractère de » Jésus ne rend pas un tel attendrissement person- » nel vraisemblable ; saint Jean a voulu se donner » de l'importance. »

Voici les beaux arguments de l'ancien profes- seur d'incrédulité.

Parmi les vaillants joûteurs qui ont vengé avec plus de force et d'intelligence la religion chré- tienne si indignement outragée , citons encore M. Lasserre. Il saisit corps à corps l'auteur et l'œuvre , et , les plaçant devant le miroir éclatant de la vérité, il nous dit dans le style saisissant que voici ce qu'il faut en penser :

« M. Renan, peut-être à son insu, nous a laissé échapper son secret, quand il a écrit sa célèbre

(1) Saint Matthieu, chap. X. 16.

phrase : « Dieu est un bon vieux mot ; » et qu'il a ajouté : un peu lourd, peut-être. » Ah ! oui, je comprends cette étrange épithète : « Dieu est lourd » pour qui a passé des autels de l'Église à la chaire de l'athéisme ; il est lourd, et très lourd, et il a toujours pesé d'un formidable poids sur la poitrine des apostats.

« Dieu est lourd ! » comme un affreux cauchemar qui non seulement viendrait troubler notre sommeil, mais qui nous poursuivrait durant la veille : « Dieu est lourd ! ». et l'ancien séminariste veut à tout prix se débarrasser de cet insupportable poids. . . . . »

« Quelle est la méthode de l'auteur ? Cette méthode est bien simple : elle se borne à faire des ratures sur un texte authentique, à y intercaler des choses qui n'y sont pas, à coordonner le tout et à mettre la chose en circulation. Cette méthode, lorsqu'on l'applique aux actes notariés, aux billets à ordre, aux traités particuliers, au texte d'un acte quelconque destiné à sauvegarder des intérêts matériels, s'appelle faux en écriture publique ou privée, et conduit généralement son auteur ailleurs qu'à l'Institut. »

Les écrivains hostiles au Catholicisme ont eux-mêmes élevé la voix contre l'œuvre de M. Renan.

M. Vaurigaud, pasteur et président du consistoire de Nantes, s'est exprimé en ces termes dans une lettre adressée au *Phare de la Loire* :

« Les protestants déplorent ce qui leur semble
l'égarement d'un talent distingué : ils sont froissés
au plus profond de leur cœur de ce qui est à leurs
yeux un outrage pour leur Maître. »

Les hommes les plus distingués de la presse
périodique sont entrés aussi dans l'arène. Nous
devons presque des remerciements à M. Renan
pour tous les excellents articles suscités par son
livre.

M. Barbey-d'Aurevilly, l'éminent critique, jugeant l'auteur d'après l'œuvre, a caractérisé de la
façon suivante, dans un journal de Paris, l'ancien
séminariste du pays de Tréguier :

« M. Renan ne connaît ni fanastime, ni même
enthousiasme. Il a la dilatation d'entrailles et la
chaleur de tête de ces brûlantes bêtes, les ser-
pents !... Voltaire, lui ! que M. Renan me fait
aimer, — quelle conversion ! — avait de la passion
contre celui qu'il appelait *l'Infâme.* Il haïssait à la
fureur, il outrageait jusqu'à la démence, mais il
avait une foi enflammée en ce qu'il disait, — une
foi de diable, car les seuls actes de foi du diable
doivent être ses colères contre Dieu.

» M. Renan n'est pas de la famille de ces esprits
de feu. C'est une organisation à sang blanc et
froid, et je ne veux point nommer toutes les espèces de bêtes auxquelles il ressemble. C'est un
distillateur madré, qui empoisonne avec du sucre,

très bonne manière ! mais qui. met trop de sucre,
et par là gâte son poison.... Le seul sentiment que
ce baveur de sucre candi arseniqué exprime dans
sa *Vie de Jésus*, — je ne dis pas le seul sentiment
qu'il éprouve, — c'est une préférence d'amateur
pour *l'homme charmant* qu'il a la bonté de reconnaître dans Notre Seigneur Jésus-Christ, et cette
impertinence est même toute l'originalité de ce
livre, qu'il nous donne pour remplacer les Evan-
giles. Cauteleux et poltron, l'auteur de *la Vie de
Jésus* a très bien compris que diminuer Jésus-Christ
de sa divinité, c'est diminuer le Christianisme
simplement de la vie, et que la difficulté est de
bien s'y prendre pour opérer tout doucement cette
diminution importante.

» Nous extraire de l'âme la divinité de Jésus-
Christ sans nous faire le moindre mal, toute la
question est là pour M. Renan. Cela fait, tout
serait fait. Il y a des arracheurs de dents qui pré-
tendent nous les arracher sans douleur. Je ne sais
pas s'il y a des imbéciles qui peuvent le croire,
mais, ce que je sais, c'est qu'on dit « mentir
comme un arracheur de dents, » pour exprimer
le comble du mensonge et de la confusion. . . .

. . . . »

» M. Renan parle de *situation trop tendue*, et
prétend que la résurrection de l'âme est tout-à-fait
différente de l'immortalité. Mais qu'importe la
rédaction des devises quand les bonbons qu'elles

enveloppent sont empoisonnés, et quand on n'est,
comme M. Renan, dans l'ordre moral et littéraire,
qu'un Brinvilliers-Siraudin. »

Le Siècle, *l'Opinion Nationale*, *la Presse*, *le
Temps*, *la Revue des Deux-Mondes*, *l'Esprit Public*
se sont faits les thuriféraires complaisants du
séminariste apostat.

Cependant, il faut le reconnaître à l'honneur
de ces journaux, ils n'ont pas eu longtemps le
triste courage de l'éloge : après avoir embouché
solennellement la trompette de la Renommée pour
célébrer la gloire de M. Renan, ils ont eu le bon
sens de taire leurs fastidieuses clameurs devant
la réprobation à peu près générale de l'opinion
publique.

Le Siècle lui-même, cet intrépide chef de la
claque anti-catholique, est revenu un moment
sur ses premières impressions : il écrivait, le 27
septembre 1863, dans son bulletin bibliographique :

« L'ouvrage de M. Renan manque d'unité dans
les aperçus et de netteté dans les conclusions. Il
y a, en effet, dans ce livre un mélange de mysticisme
et de philosophie qui laisse dans l'esprit une véritable obscurité. »

M. Renan avait pensé que la *Vie de Jésus* ne
donnerait lieu qu'à des polémiques religieuses.
Mais il est arrivé, comme nous l'avons vu, que
plusieurs de ses adversaires, réfutant l'œuvre de

l'ex-abbé par l'étude de sa vie, ont mis son passé en regard de son présent. Dans ces circonstances, M. Renan crut devoir prendre la plume pour justifier sa conduite non pas devant le public, qu'il ne voulait pas mettre dans ses confidences, mais devant un petit cercle d'amis, dont il avait à cœur de conserver l'estime. Dans ce but, il a publié une sorte de biographie dans laquelle il essaie d'expliquer « sa conversion. »

Cette brochure, tirée à cent exemplaires, n'a été distribuée qu'à de rares intimes.

Aujourd'hui, la *Vie de Jésus* est en pleine décadence. Témoin cette piquante anecdote que nous empruntons au *Journal des Villes et des Campagnes* :

« Dans un restaurant du quartier latin, un de nos amis voit s'attabler près de lui un étudiant qui portait sous son bras *la Vie de Jésus* et avait à l'autre une de ces pauvres créatures qui peuplent les rues de ce quartier, et dont les bourgeois de province défrayent l'existence aventureuse avec une part de l'argent destiné aux études de leurs fils.

— Qu'est-ce que cela ? dit la pauvre fille en regardant l'œuvre de M. Renan.

— Laisse cela, dit d'un air dédaigneux le jeune renaniste ; c'est au-dessus de ta portée.

— Allons donc ! dit la pauvre créature en feuilletant le livre : c'est des infamies, bien sûr ! On n'apprend la vie de Jésus *qu'à l'église* !

Bonne leçon, n'est-ce pas? M. Renan et la jeunesse nourrie de ses idées étaient bien dignes de la recevoir d'une telle bouche. »

Ce n'est pas seulement en France que la *Vie de Jésus* a exercé ses ravages. Cet « éclair sinistre, » sorti des bouches de l'Enfer, » selon la saisissante expression de Mgr Parisis, « a projeté ses lueurs malfaisantes de tous côtés. »

Puisque nous citons ici le nom de Mgr l'évêque d'Arras, nous devons faire connaître la lettre adressée à ce pieux Prélat par l'Empereur au sujet du livre de M. Renan.

Mgr Parisis avait fait hommage à Napoléon III d'un exemplaire de sa réponse à M. Ernest Renan, intitulée : *Jésus-Christ est Dieu !* L'Empereur a complimenté ce digne Evêque en ces termes :

« Monsieur,

» Vous avez bien voulu m'envoyer l'écrit que vous avez composé pour combattre l'ouvrage récent qui tente d'élever des doutes sur l'un des principes fondamentaux de notre religion. J'ai vu avec plaisir quelle part énergique vous avez prise à la défense de la foi, et je vous adresse mes félicitations sincères.

» Sur ce, Monsieur l'Evêque, je prie Dieu qu'il vous ait en sa sainte et digne garde.

» Ecrit au palais de Compiègne, le 14 novembre 1863.

» Napoléon. »

En Italie, l'effet produit par la *Vie de Jésus* a été également désastreux.

En Allemagne, elle est tombée sous le ridicule dès le jour de son apparition.

On a cherché à faire pénétrer en Espagne une traduction espagnole de la même œuvre. — Le gouvernement, voulant que ces volumes servîssent à quelque chose, en a fait du feu.

La presse autrichienne, qui, comme on le sait, est presque entièrement aux mains des Israëlites, a loué la *Vie de Jésus* avec une entente vraiment remarquable.

La presse belge l'a sifflée avec un accord digne du précédent.

Quant à l'Angleterre, voyant qu'il n'y avait point là matière à un bon coup de commerce, c'est à peine si elle a feuilleté l'œuvre de M. Renan.

Enfin, si M. Renan a perdu en considération parmi les Chrétiens, il doit être aujourd'hui le bien venu chez les Juifs; il a gagné beaucoup d'or, assure-t-on, en spéculant au préjudice de la foi de ses pères, et son nom a été répété par les cent mille voix de la presse. C'est là, sans doute, une grande compensation à ses yeux; mais nous n'en persistons pas moins à croire qu'il a fait là un vilain marché.

VI.

M. Renan après *la Vie de Jésus.* — Son séjour aux bains de mer, à Dinard, en 1863. — Mme Renan, épouse de l'auteur. — Vers adressés à M. Renan par M. Achille Duclésieux. — Deux épisodes du séjour à Dinard. — Quelques mots sur M. Renan dans *les Nouveaux Lundis* de M. Sainte-Beuve. — M. Renan complimenté par le journal *l'Ane.* — Comment M. Renan vit à Paris. — Conclusion.

Son livre malfaisant lancé sur la France comme un nouveau brandon de discorde, M. Renan quitta Paris. Après un tel effort d'impiété, il éprouvait le besoin d'un repos prolongé.

Il vint en Bretagne, et ce fut à Dinard, près de Saint-Malo, qu'il dressa sa tente. Il y passa la saison des bains de mer de 1863 avec sa femme et ses deux enfants.

M. Renan a épousé, depuis quelques années, Mlle Scheffer, fille du célèbre peintre français Henri Scheffer (frère d'Ary), dont chacun connaît les émouvants tableaux et les vivants portraits.

Mme Ernest Renan est d'une taille élevée ; c'est

une femme gracieuse et simple ; elle fait, dit-on, sensation dans les salons, quand, par hasard, elle y paraît.

M. Renan, lui, que nous avons vu dans son jeune âge remarqué pour sa gentillesse, est aujourd'hui d'un physique peu agréable ; sa figure est commune ; aucun éclair de génie ne brille sur son front fatigué. Cependant, lorsqu'ils s'animent dans la conversation, ses yeux ont beaucoup de vivacité. Son teint est brun, ses épaules larges et trapues, son dos un peu voûté.

Il porte au visage l'empreinte d'une tristesse profonde, amère. Sa pensée évoque, peut-être, les souvenirs d'autrefois, de ces jours heureux où, riche de foi, il épanchait devant Dieu son cœur plein d'espérance. Habituellement taciturne, on sait peu ce qu'il pense, mais l'on devine qu'il y a de la souffrance dans cette âme en proie à un « *doute inébranlable,* » selon sa propre expression.

M. Renan affecte une grande austérité de mœurs ; sa mise est simple, le clinquant est rigoureusement banni de sa toilette ; il boit et mange ordinairement avec une extrême sobriété. C'est à cette tempérance qu'il doit en grande partie sa vigueur corporelle.

Il attribue aussi à la contrée qui le vit naître l'énergie morale dont il se sent doué :

« C'est aux humbles clans de laboureurs et de » marins, écrit-il dans ses *Essais de Morale et de*

» *Critique,* que je dois d'avoir conservé la vigueur
» de mon âme en un pays éteint, en un siècle sans
» espérance. »

La présence de M. Renan à Dinard causa aux
derniers beaux jours une certaine sensation, qui
gagna même plusieurs points de la Bretagne. On
était surpris, pour plusieurs motifs, que l'écrivain
anti-catholique fût venu chercher le calme et res-
pirer la fraîcheur des brises marines sur les grèves
de Bretagne, au bord desquelles s'élève encore,
vénérée, la croix du Sauveur, comme une protestation permanente contre l'ingratitude et l'impiété.

Bien qu'il s'y soit montré bon époux, bon père,
bien qu'il ait apporté dans ses relations avec les
habitants du pays et les étrangers toute la circons-
pection possible, — c'est une justice que nous
devons lui rendre, — un sentiment d'instinctive
répulsion se manifesta bientôt contre l'auteur du
roman sacrilége qui, sous les roses du style, a
placé de nouveau la couronne d'épines au front
sanglant du Christ.

La vive expression de ce sentiment était parfaitement naturelle; elle n'a pu surprendre beaucoup
celui qui en était l'objet. Si l'on ne peut applaudir à la forme sous laquelle elle s'est produite, —
nous voulons parler des coups de fouet dont
M. Renan fut menacé dans un champ, à Dinard,
et de l'épisode où dix convives annoncèrent leur
intention de s'éloigner d'un établissement pour

éviter sa compagnie, on n'en doit pas moins reconnaître que ce sentiment était très louable au fond.

Un des plus dignes et des plus généreux enfants de la Bretagne, un poète de talent a fait connaître en beaux vers la véritable impression produite dans notre ancienne province par l'œuvre du contempteur de *Jésus*. Nos lecteurs nous sauront gré de reproduire ici cette pièce, marquée au coin de la poésie la plus élevée et de la foi la plus sincère. La voici :

A M. E. RENAN,

à DINARD (Ille-et-Vilaine.)

Breton, non ! Juif issu du sang d'Iscariote,
Que viens-tu faire ici ? te faisons-nous pitié ?
La Bretagne à tes yeux croit comme une idiote ;
Viens-tu la réformer, Luther au petit pied ?
Luther ?... Luther du moins croyait à l'Evangile ;
Il adorait le Christ. — Mais toi, plus érudit,
Tu nous fais sur Jésus je ne sais quelle idylle,
Un roman qui chez nous aura peu de crédit.
Ranime donc ton zèle et prêche ta doctrine !
Quand on heurte de front dix-huit siècles de Foi,
On est apôtre, on a du feu dans la poitrine,
On se dévoue, on meurt s'il le faut... Mais, chez toi,
C'est affaire de goût, style et littérature,
Edition de luxe et gracieux format,
Une œuvre d'art, — oh ! oui ! cet art de l'imposture,
Où nul ne s'entend mieux qu'un esprit d'apostat.
Je te voudrais pourtant la parole à la bouche,

Voir en toi quelqu'ardeur, quelque sarcasme amer ;
Non : nulle passion ne t'émeut, ne te touche,
Et tu viens simplement prendre les bains de mer....
La mer !... la connais-tu cette esclave fidèle
Qui te jette à la face un ironique flot,
A toi qui n'as pas craint de dire devant elle,
Grain de sable imprudent, que Dieu n'est qu'un vieux mot !
Viens avec moi, tiens-toi debout sur cette roche.
Si ton œil ose encor contempler l'Océan,
Cette vague au lointain qui lentement approche,
N'a-t-elle à l'arrêter que la main du néant ?
Ce souffle impétueux qui gronde et la soulève
Sort-il de ton cerveau, trop savant professeur ?
Ce voile de la nuit qui descend sur la grève,
En as-tu mesuré l'ombre et la profondeur ?
Ces astres dans le ciel et ces voix dans l'abîme,
Fais-tu briller les uns, et les autres mugir ?
Oh ! si pour un instant, de ta pensée infime
Tu laissais là l'orgueil dont tu nous fais rougir ;
Peut-être qu'à cette heure, en face de ton âme,
Au sein de ton pays et des chers souvenirs,
Te rappelant ce jour où, pur comme la flamme,
Ton cœur rêvait le sort des saints et des martyrs ;
Peut-être qu'en voyant flotter dans ta mémoire
L'image d'une sœur, hélas ! morte sans Foi,
Qu'en foulant des tombeaux qu'aurait touché ta gloire
Et d'où sort un accent lamentable sur toi,
Une larme, une larme ardente, inexprimable,
Coulerait sur ta joue et brûlerait ton cœur !
On a vu mainte fois ce miracle adorable,
Car Jésus blasphémé reste toujours Sauveur !

Achille DUCLÉZIEUX.

Saint-Ilan, 24 août 1863.

Peu de temps après la publication de ces vers
dans plusieurs journaux de Bretagne, la saison
des bains de mer touchant, d'ailleurs, à sa fin,

M. Renan quitta Dinard pour Jersey, où il passa
huit jours ; puis il revint par la Normandie à
Paris.

Là, pour le consoler des déconvenues de son
séjour à Dinard, il trouva un habile *causeur*, ancien
collaborateur des Saint-Simoniens, occupé à chan-
ter ses louanges, d'une voix un peu gênée, toutefois, ainsi qu'on va le voir : c'était celui qui, n'osant
applaudir au mot fameux : « *Ecrasons l'Infâme* ! »
l'excusait, du moins, et tentait de l'expliquer à
l'avantage du blasphémateur ; c'était le même qui,
en 1860, essaya de ternir la gloire de notre immortel Châteaubriand ; c'était le « Werther carabin, »
pour nous servir d'un mot resté célèbre ; c'était
M. Sainte-Beuve, enfin.

Aux yeux de l'auteur de *Joseph Delorme* et de
Volupté, M. Renan est un homme religieux, plein
de foi. Qui donc s'en serait jamais douté ?...

« Dans un pays comme la France, dit M. Sainte-
Beuve, il importe qu'il vienne de temps en temps
des intelligences élevées et sérieuses qui fassent
contre-poids à l'esprit malin, moqueur, sceptique,
incrédule, du fond de la race ; et M. Renan est une
de ces intelligences, s'il en fut. Cela peut sembler
singulier à ceux qui le prennent pour un incrédule
de voir que je le classe plus volontiers parmi les
contraires. »

Oui, très singulier, en effet, docte académicien,
surtout lorsque, plus loin, vous occupant du sans

façon impie avec lequel M. Renan a parlé de Dieu,
ce « *bon vieux mot,* » vous avouez, avec toutes les
précautions imaginables, « qu'il lui est échappé
un jour, dans un article sur Feuerbach, de se pro-
noncer sur le sens du mot *Dieu d'une manière un
peu légère* et du ton *un peu trop protecteur* d'un
raffiné en matière de philosophie. »

Il est vrai que M. Sainte-Beuve se hâte d'ajouter,
comme correctif : « M. Renan est revenu depuis
sur *la chose* et sur *le mot* ; il a rétracté, c'est-à-dire
retouché sa première parole. Le mot *Dieu* est toujours pour lui le *signe représentatif* de toutes les
belles et suprêmes idées que l'humanité conçoit,
pour lesquelles elle s'exalte et qu'elle adore ; mais
il semble que ce soit *plus encore* à ses yeux qu'*une
expression* ; il semble *prêter décidément* à l'intelligence, à la justice indéfectible et sans bornes, une
existence indéfinissable, inconnue, mais réelle. Il a
adressé au *Père céleste* une invocation, une véritable
prière. Que veut-on de plus ?.... »

» Et voilà l'homme, continue M. Sainte-Beuve,
voilà l'homme qu'une partie de la jeunesse française refuserait d'écouter avec respect, parlant dans
sa chaire des études et des lettres religieuses et
sacrées, sous prétexte qu'il a, comme critique,
des opinions particulières. Oh ! que M. Renan a
bien raison de sourire en 1862 de ce qu'on appelle
les conquêtes de 89 !.,.. M. Renan n'est pas seulement un critique, c'est un artiste.... C'est un

Lamennais jeune, graduel, *éclairé à temps*, et sans ouragan ni tempête, un *Lamennais progressif* et non volcanique, etc., etc.

» Enfin, ajoute encore en terminant M. Sainte-Beuve, ceux qui craignaient d'abord que, malgré *les précautions sincères* de M. Renan, il n'entrât quelque chose d'hostile dans son *Histoire du Christianisme,* peuvent se rassurer. *Sous une forme* ou *sous une autre,* il est conquis à Jésus ! » (1)

C'est assez, c'est trop de *singularités* sous la plume de M. Sainte-Beuve, Arrêtons-nous à ce dernier trait. On sent d'ailleurs au style embarrassé de l'académicien qu'il plaide uue mauvaise cause, contre laquelle éclate l'évidence et la vérité.

Un des rédacteurs du journal *l'Ane* a brûlé aussi en l'honneur de M. Renan beaucoup d'encens dont le parfum, nous le croyons, causa un très médiocre plaisir à l'idole ainsi encensée :

« Il y a dans les départements, *non loin du rocher inhospitalier de Saint-Malo,* » ânonnait la petite feuille rageuse, « il y a dans les départements des provinciaux de bonne foi qui croient que M. Renan a des pieds de bouc (ces bons provinciaux !) et qu'un professeur au collége de France ignore le premier mot d'une langue qu'un million d'habitants parle couramment chez nous..... Les aboyeurs de province n'arriveront jamais à la

(1) *Nouveaux Lundis* de M. Sainte-Beuve, tome 2e, chez Michel Levy. 1864.

hauteur des chausses de celui qu'ils veulent dé-
trousser...... Ceci soit dit à propos de certains
ravaudeurs littéraires, journalistes du crû, vivant
de *la crasse de la soutane*, athées rouges faisant
métier de religion, etc.... » (Extrait du journal
l'Ane du 13 septembre 1863.)

Voilà une tirade qui va de pair avec le titre de
la feuille qui l'édite, n'est-il pas vrai ?... Impossible
de braire avec plus de naturel !....

Cependant, il s'est trouvé en Bretagne un jeune
homme disposé à marcher à la suite de *l'Ane* parisien, à faire *chorus* dans un hymne d'éloges
exaltant la science et la doctrine renanistes ; (1)
mais cette œuvre, dans laquelle il signale « *deux
fanatiques* falsifiant *la Biographie de M. Renan*, »
cette œuvre est tellement nulle, vraiment, qu'il
nous semble inutile de nous en occuper ici plus
que ne l'a fait le public auquel elle a été servie :
le dédain est la seule réponse qui convienne à
certaines attaques.

Naguère, à Paris, M. Renan vivait très retiré ; il
se contentait de la vie en famille, près de sa vieille
mère, qu'il vénère ; près de sa charmante épouse,
qu'il chérit. Aujourd'hui, son roman de *la Vie de
Jésus* l'a définitivement posé parmi les ennemis
déclarés du Catholicisme, ce qui ne veut pas dire
que le bonheur de l'écrivain se soit beaucoup
augmenté avec sa triste célébrité.

(1) *Vie de Renan*, chez Dentu, 24 pages : prix, 1 fr.

En résumé, disons-le en terminant cette esquisse biographique : si, comme homme privé, M. Ernest Renan est digne de l'estime publique, on ne peut, comme écrivain, lui accorder la même faveur, car il manque au premier de ses devoirs l'auteur qui, pour faire un peu de bruit dans le monde, pour se procurer la fortune et conquérir la célébrité, ose s'attaquer à Dieu, essaie d'arracher les croyances les plus saintes, les plus douces, les plus consolantes du cœur des peuples.

Mais c'est en vain que cette entreprise téméraire aura été tentée ; c'est en vain que quelques esprits orgueilleux voudraient replonger l'humanité dans la nuit : le Christianisme, que n'ont pu vaincre les bûchers, le glaive et les échafauds des tyrans, la dent des tigres et des lions déchaînés contre lui, le Christianisme sortira triomphant de cette nouvelle épreuve ; et le monde, à genoux devant la Croix de Jésus, répètera ces paroles inspirées à un pieux écrivain (1) par la lecture de l'œuvre de M. Renan :

« O mon divin Crucifié ! plus vos deux bras portent les nations, plus on nie votre éternité ; plus des torrents de vie s'échappent de vos flancs ouverts, plus on discute vos titres et on s'étudie à vous dépouiller de votre origine. L'homme veut que vous ne soyez qu'un homme, parce que l'admiration ne l'oblige à rien, et que l'adoration

(1) M. Poujoulat, *Examen de la Vie de Jésus*, de M. Renan.

l'obligerait à tout. Vous, un pur homme, ô mon
Dieu ! Mais, depuis que les générations se suc-
cèdent sous le soleil, y a-t-il eu un seul mortel
qu'on puisse, même de loin, comparer à vous ?

. . . .

» Le chemin des temps derrière nous est jonché
de débris de tout ce qui a été humain, et l'on veut
appeler humain ce qui, après dix-neuf siècles,
demeure avec tant de force et de profondeur,
d'énergie et de jeunesse ! L'homme ne distingue-
t-il plus sa poussière de ce qui est permanent,
resplendissant et immortel ? O mon divin Crucifié ! votre œuvre est d'en-haut, voilà pourquoi
elle dure ; l'œuvre humaine est de la terre et
passe. Restez toujours notre lumière, notre chef,
notre pasteur ; bénissez toujours le monde, et
soyez un Dieu propice, même pour ceux qui
refusent de vous reconnaître pour Dieu ! »

TABLE DES CHAPITRES.

www.ingramcontent.com/pod-product-compliance
Lightning Source LLC
Chambersburg PA
CBHW052056270326
41931CB00012B/2773